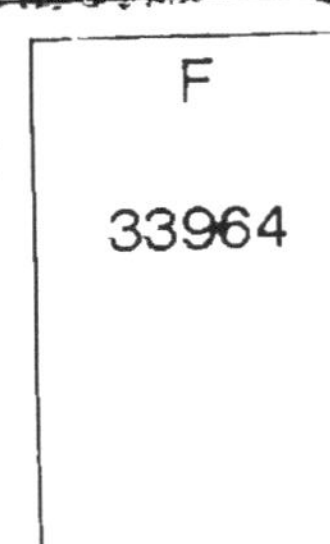

[illegible]

HISTOIRE

DU DROIT ROMAIN,

DU DROIT DU PEUPLE

HISTOIRE

DU DROIT ROMAIN.

HISTOIRE

DU DROIT ROMAIN,

OU

ENCHIRIDION

DE SEXTUS POMPONIUS,

CONTENANT

L'Origine et les Progrès du Droit, de la Magistrature, et
la Succession des Prudens.

TRADUIT

PAR EUGÈNE DUBARLE,

AVEC DES ÉCLAIRCISSEMENS HISTORIQUES ET CRITIQUES.

Bonæ frugis plenissimum et magni viri
ingenium redolet.

HEINECC.

PARIS,

VIDECOCQ, libraire, place Sainte-Geneviève, n°. 6 ;
Mademoiselle LELOIR, rue Saint-Jacques, n°. 164 ;
ALEX. GOBELET, rue Soufflot, n°. 4.

1825.

A

M. PELLETAN FILS,

Médecin du Roi,

Professeur de Physique à la Faculté de Médecine de Paris ,
Chevalier de l'Ordre royal de la Légion d'Honneur ,
Membre de plusieurs Sociétés savantes , françaises et
étrangères , etc. , etc. , etc.

HOMMAGE

DE RESPECT ET DE RECONNAISSANCE.

Eug. DUBARLE.

AVANT-PROPOS.

MONUMENT immortel de sagesse et d'équité, le Droit Romain est peut-être, considéré dans son ensemble, l'œuvre la plus imposante, et le plus grand titre de gloire de ce peuple dont le nom seul rappelle la grandeur : production gigantesque de l'esprit humain, deux mille ans se sont écoulés, et ses décrets sont encore observés avec autant de respect qu'aux jours de sa fondation ! Le peuple qui l'avait établi, ce peuple-roi qui avait asservi la terre par la force de ses armes, et dont la puissance paraissait devoir durer autant que le monde, a disparu du rang des nations : le sceptre du pouvoir lui a été arraché, mais il a conservé celui plus beau encore de la raison ; le temps a réduit en poudre les trophées de sa gloire, mais ses lois subsistent et elles régissent toute la terre ; nul n'a pu se soustraire à leur empire. Vaincue par l'épée des enfans du nord, Rome les a subjugués par l'ascendant de sa sagesse ; et telle a été sa puissance, que ces barbares, qui si long-temps défendirent leur liberté contre elle, et restèrent victorieux d'une lutte de cinq siècles, vinrent se courber sous le joug de ses lumières.

Il était donné aux Romains de policer deux fois le monde, d'abord par la conquête, ensuite par le génie de leurs grands hommes. En effet, jurisconsultes, poètes, historiens, philosophes, c'est à eux que l'Europe moderne est redevable de ses lumières, c'est à eux qu'elle doit sa civilisation ; ce sont eux qui l'ont régénérée. L'Empire d'occident était abattu ; les arts et les sciences avaient disparu avec lui, entraînés dans sa chute, et la barbarie les avait remplacés ; la nuit la plus profonde couvrait l'Europe, ensanglantée par ces guerres atroces qui souillent les premières pages de nos annales : c'est en vain que quelques génies puissans, envoyés par la Divinité pour adoucir le malheur des peuples, paraissent par intervalles ; ils ne peuvent qu'en arrêter les

progrès : après leur mort elle semble re-
prendre une nouvelle énergie ; Charle-
magne nous en offre un exemple. Mutilé
par les Hérules , dénaturé par l'amalgame
grossier des lois wisigothes et bourgui-
gnones , proscrit par les Lombards , le
Droit Romain n'existait pour ainsi dire
plus, et l'Italie, fléchissant sous la législation militaire de la Germanie , en avait
presque perdu le souvenir : enfin , après
plusieurs siècles d'un sommeil profond ,
les oracles du forum se réveillent ; l'école
de Bologne , fondée par Irnerius, s'ouvre
sous les auspices de l'empereur Lothaire,
et le Droit Romain règne de nouveau sur
sa patrie. Plus fort que le fils de Pépin ,
il accomplit cette révolution si heureuse ;
c'est un fanal dont la vive lumière perce
les ténèbres de la barbarie et déchire le
voile de l'ignorance ; grâce à lui , les no-
tions du juste et de l'injuste, jusqu'alors
méconnues, reparaissent, les hommes ont
appris leurs droits , et la force a cessé de
régir le monde.

Du milieu de l'Italie , sa lumière ne
tarda pas à s'étendre sur l'Europe , et

notre patrie, une des premières (1), en ressentit la douce influence. Protégé par le plus vertueux de nos rois, par ce prince qui mérita d'être admis au céleste séjour, le Droit Romain vint régir une partie des Français (2). Ah ! une telle entreprise était bien digne du justicier de Vincennes et du monarque religieux et philanthrope qui abolit les combats judiciaires ! Suivant le noble exemple qui leur avait été légué par Saint-Louis, ses successeurs s'efforcèrent de propager le Droit Romain, et là où il ne put être admis comme loi, il fut admis comme raison écrite (3).

Si nous interrogeons tous les peuples qui ont paru sur la scène de l'Europe, tous nous les entendrons proclamer l'excellence du Droit Romain ; et depuis le

______

(1) Placentinus, élève de l'école de Bologne, fonda, dans le douzième siècle, l'Ecole de Droit de Montpellier, la première qui ait été ouverte hors de l'Italie.

(2) Un édit de Saint-Louis, de 1254, ordonne aux baillis des domaines de la couronne de savoir le Droit Romain.

(3) Charte de 1312, rendue par Philippe-le-Bel, relative à l'enseignement du Droit Romain dans les communes.

(MONTESQ., *Esp. des Lois*, liv. 28, tit. 42.)

Goth et le Vandale qui renversèrent le colosse ébranlé de l'empire, jusqu'à nos jours, tous, nous les verrons adopter et nationaliser en quelque sorte ces lois dont ils avaient reconnu la supériorité.

Ces éloges de tous les siècles, de tous les peuples barbares ou civilisés, anciens ou modernes, sont la preuve la plus évidente de sa bonté; il les doit, pour me servir de l'expression d'un illustre magistrat, de d'Aguesseau, à la hauteur de sa sagesse, à la profondeur de son bon sens, et j'ajouterai : à l'équité invariable de ses principes.

C'est en vain que quelques voix jalouses, échos de l'ignorance et de la paresse, se sont efforcées de le décrier; on a fait justice de leurs déclamations : notre siècle n'est pas resté au-dessous de ceux qui l'ont précédé, il lui a payé aussi son tribut d'admiration. Magistrats, jurisconsultes, tous en ont senti l'importance et l'ont prêché par leur exemple; et nos législateurs, après lui avoir rendu le plus grand hommage, en adoptant ses principes dans le Code qui nous régit,

ont proclamé son utilité en en prescri-
vant l'étude comme la meilleure prépa-
ration à celle de nos lois.

Mais cette étude présentait les plus
grandes difficultés : sorti de plusieurs
sources différentes , fruit des travaux
d'une foule de jurisconsultes, le Droit
Romain forme un assemblage colossal de
lois, de plébiscites, d'édits, de sénatus-
consultes, de constitutions et de réponses. Comment oser aborder cette masse
énorme de dispositions législatives ? Son
immensité seule suffirait pour rebuter. Depuis long-temps on a senti la force de cette
réflexion, et on s'est efforcé d'en détruire
les effets. Des jurisconsultes distingués,
des commentateurs habiles , guidés par
le désir de faciliter aux jeunes gens l'é-
tude si instructive du Droit Romain,
ont porté le flambeau de la critique au
milieu de cette législation immortelle,
et par leurs écrits ont acquis des droits
à notre reconnaissance. Tout récemment
encore ce noble désir a fait naître un
ouvrage (1) dont l'utilité a été aussitôt

______

(1) Les *Institutes expliquées*, de M. Ducaurroy.

appréciée, et qui mérite d'être placé à côté de ce que les commentateurs anciens ont produit de plus parfait.

Le but de tant de grands travaux était d'éclaircir et de rendre plus facile l'étude des lois romaines; le résultat a été couronné d'un plein succès.

Cependant, il faut en convenir, cette étude, comme celle de toute espèce de Droit, présente, lorsqu'elle est faite isolément, et dégagée de tout accessoire, quelqu'aridité, je dirais presque quelque incertitude. En effet, l'esprit humain a besoin de s'étendre; il aime, dans ses méditations, à remonter jusques aux causes et à les suivre dans leurs derniers résultats. L'étude du Droit a donc besoin d'être accompagnée de celle de son histoire, car si l'on ignore les motifs qui ont fait établir telle ou telle disposition, alors elle devient aride et laisse l'esprit dans une espèce de vague; conséquence inévitable, à laquelle il est impossible d'échapper.

Le seul moyen d'enlever à l'étude du Droit cette sécheresse, cette aridité, inconvénient inséparable de sa nature, c'est d'y joindre l'étude de son histoire. Quels avantages n'en retirera-t-on pas! le travail deviendra moins pénible, quelques fleurs viendront l'embellir; notre esprit s'attachera plus fortement, méditera avec plus de plaisir ces lois qu'il aura vues naître, et que long-temps d'avance il aura prévues. Envisagée sous ce point de vue si intéressant, l'histoire du Droit Romain, de ce peuple chez lequel chaque loi fut enfantée, pour ainsi dire, au milieu des interminables dissensions des deux ordres de l'Etat, est sur-tout utile à connaître : c'est là que nous verrons paraître, l'une après l'autre, les diverses sources du Droit; nous assisterons à leur origine, nous les suivrons dans leurs progrès, nous les verrons dans toute leur force, et enfin nous nous préparerons, par l'histoire des événemens, à en étudier les résultats.

Ces avantages ont frappé tous les jurisconsultes, tant des siècles passés que de nos jours; plusieurs même nous ont enrichis de quelques ouvrages, tels qu'on devait les attendre de leurs talens; mais l'insuffisance des matériaux ne leur a pas toujours permis de leur donner le degré de perfection qu'ils auraient pu désirer : en effet, et c'est à regret que nous l'avouons, cette partie de la science est une de celles où nous manquons le plus de données positives ; la plupart des historiens, des jurisconsultes qu'il nous importerait de posséder, ne nous sont pas parvenus, et nous sommes réduits à recourir à l'histoire politique pour y puiser des documens souvent incertains ; car, quelle confiance avoir dans des écrivains qui, n'attachant que peu d'importance aux dispositions législatives, les passent entièrement sous silence, ou, s'ils en font mention, c'est pour se trouver en opposition avec les monumens les plus authentiques (1) !

Si nous avons à déplorer la perte de la plupart des auteurs qui auraient pu nous éclairer sur cette partie si intéressante de

______

(1) *Versatur infelicitas quædam inter historicos, vel optimos, ut legibus et actis judicialibus non satis immorentur; aut si forte diligentiam quamdam adhibuerint, tamen ab authenticis longa varient.* (BACON, de Font. juris, *aph.* 29.)

la science, c'est un motif pour attacher plus de prix au peu d'ouvrages qui nous sont restés : parmi les fragmens de toute espèce que nous possédons, un seul nous est parvenu complet, et il doit sans doute sa conservation à son peu d'étendue , qui a permis à Tribonien de l'insérer en entier dans le *Digeste*. Cet ouvrage est l'Enchiridium de Sextus Pomponius : ce jurisconsulte , auteur de plusieurs écrits dont nous avons à regretter la perte , vivait sous les Antonins. Issu d'une famille ancienne de l'ordre des chevaliers (1), dont on faisait remonter l'origine jusqu'au temps et à la personne de Numa (2), il comptait parmi ses ancêtres des personnages consulaires , des hommes distingués dans les sciences et les lettres , et

______

(1) *Equestrem ab ultimâ origine stirpis romanæ.*

(CORN. NÉPOS, *in Pomp. Att.*)

(2) Les historiens escripvent qu'il (Numa) eut quatre fils, Pomponius, Pinus, Calpus et Mamertus : de chascun desquels sont, par succession de père en fils, demeurés des plus nobles races et anciennes maisons de Rome ; sçavoir est celle des Pomponiens , de Pomponius, des Pinariens, de Pinus, etc. , etc. , toutes lesquelles familles pour raison de ceste première origine ont retenu le nom de reges, c. à. d. roys. (*Plutarch in Numa*, trad. d'Amyot.)

le célèbre ami de Cicéron , Pomponius Atticus; en un mot , cette famille privilégiée , assemblage de tous les talens , avait donné à la patrie des magistrats , des guerriers , des poètes et des jurisconsultes (1). Lorsque Pomponius parut, les deux sectes rivales de Capiton et de Labéon se partageaient la jurisprudence ; cependant, quoique l'ami de la plupart des jurisconsultes qui appartenaient à l'une et à l'autre , il ne paraît pas en avoir fait partie (2). Instruit dans toutes les sciences , cité parmi les écrivains contemporains comme un modèle d'élégance

(1) Parmi lesquels on remarque : Lucilius Pomponius , le premier poète satirique romain ; Pomponius Secundus et Pomponius Flaccus, qui , par leur conduite honorable sous les mauvais princes, méritèrent les éloges de Tacite. Secundus , unissant aux vertus du citoyen les talens du poète , est , au jugement de Pline , le meilleur auteur tragique de son temps (*eorum quos viderit in tragœdia longe principem fuisse*). Pomponius Marcellus , grammairien distingué , que Suétone appelle : *Sermonis latini exactor molestissimus* , et le célèbre géographe Pomponius Mela.

(2) Il était du nombre de ces jurisconsultes dont les opinions tenaient en quelque sorte le milieu entre les deux sectes de Capiton et de Labéon, et qu'on avait nommés Miscelliones , ou , suivant Cujas, Hesciscundi.

et de clarté, il parlait avec autant de fa-
cilité que sa langue maternelle, la langue
d'Eschyle et de Démosthènes, que tout
le monde alors, jusques aux femmes (1),
tenait à honneur de posséder. Auteur
aussi fécond que savant, il laissa sur
l'édit Prétorien, les écrits de Massurius
Sabinus et de Quintus Mucius, des
commentaires très-estimés ; mais il ne
se borna pas à enrichir les ouvrages des
autres de ses observations, il voulut
aussi éclairer ses concitoyens de ses propres lumières, et il composa, sous le titre
de *Variarum Lectionum*, un ouvrage où
il traite plusieurs sujets différens. A
l'exemple de quelques jurisconsultes, il
laissa un recueil de lettres (*epistolæ*),
et en outre un Traité sur les sénatus-consultes Velléien, Tertullien et Macédo-
nien, un livre de sentences de droit, intitulé *Regularum*, et enfin quelques
écrits sur les Stipulations.

De tous ces ouvrages, dont nous re-

---

(1) Nam quid rancidius, quam quod se non putat ulla,
. Formosam, nisi quæ de tusca græcula facta est
De sulmouensi umbra Cecropis ?   JUVÉNAL, *Sat* 6.

trouvons quelques lambeaux épars dans le Digeste, son Histoire du Droit est le seul qui nous soit parvenu sans être mutilé : ouvrage remarquable, où le laconisme de l'expression semble lutter contre l'abondance des faits : son importance n'a pas échappé aux yeux des plus illustres commentateurs, tous se sont en quelque sorte accordés pour augmenter encore ce précieux abrégé du produit de leurs travaux. Les savans éditeurs de l'Egloga ont aussi apprécié son utilité, et ils l'ont placé en tête de cet ouvrage, comme une espèce d'introduction à l'étude du Droit Romain.

L'estime que tant et de si savans hommes ont professée et professent pour l'œuvre de Pomponius, nous a engagé à l'extraire de l'immense collection du Digeste, où il est en quelque sorte perdu, pour en donner une édition séparée : revu sur les meilleures copies, le texte que nous avons entièrement traduit, est accompagné d'un grand nombre de notes, dans lesquelles nous nous sommes efforcé d'éclaircir les passages obscurs ou de concilier ceux qui se trouvaient en contradiction avec des monumens authentiques de l'histoire.

Soutenu par l'idée que notre travail sera peut-être de quelqu'utilité à nos condisciples, et encouragé d'ailleurs par le suffrage d'un savant jurisconsulte, professeur de notre Faculté, auquel nous nous empressons de témoigner ici notre reconnaissance, M. Poncelet, qui non-seulement a bien voulu revoir notre traduction, et les notes dont nous l'avions augmentée, mais encore l'enrichir de quelques-unes qui lui appartiennent, nous nous sommes déterminé à faire paraître cet opuscule, et nous l'offrons aujourd'hui au public, espérant qu'on voudra bien accueillir avec quelque bienveillance ce premier essai de nos travaux.

HISTOIRE
DU DROIT ROMAIN.

ENCHIRIDIUM

DE SEXTIUS POMPONIUS.

Il nous paraît nécessaire d'exposer l'origine et les progrès du Droit.

De l'origine du Droit. 1. Dans les premiers temps de la république, le peuple, sans lois constantes, n'était régi par aucun droit positif, tout le pouvoir était dans les mains des rois.

2. Rome ayant pris ensuite quelqu'accroissement, le peuple fut divisé, on dit même par Romulus, en trente parties, qu'il appela Curies, parce que le soin des affaires de l'état était réglé par leurs suffrages. Sous ce prince et sous ses successeurs, le peuple, ainsi assemblé, rendit plusieurs lois, qui toutes nous ont été conservées dans la compilation de Séxtius (1) Papirius, un des premiers de Rome, qui vivait sous le règne de l'orgueilleux fils du Corinthien

---

(1) Cujas et Bynkershoeck pensent qu'il faut lire *in libro sexto Papirii*. Ce jurisconsulte, disent-ils, composa cinq livres, qui renfermaient les coutumes anciennes et les lois religieuses de Numa; à cés cinq livres il en ajouta un sixième, en forme d'appendice, dans lequel il réunit toutes les lois royales. Pour donner plus de force à leur opinion, ils s'appuient sur le passage 36, *hic*, dans lequel Pom-

ENCHIRIDIUM

SEXTII POMPONII.

Necessarium itaque nobis videtur ipsius juris originem , atque processum demonstrare.

1. Et quidem initio civitatis nostræ populus De Origine Juris. sine lege certâ, sine jure certo primum agere instituit : omniaque manu à Regibus gubernabantur.

2. Postea auctâ ad aliquem modum civitate, ipsum Romulum traditur populum in triginta partes divisisse, quas partes Curias appellavit, propterea quod tunc reipublicæ curam per sententias partium earum expediebat. Et ita leges quasdam et ipse curiatas ad populum tulit : tulerunt et sequentes reges. Quæ omnes conscriptæ extant in libro Sexti Papirii, qui fuit illis temporibus, quibus Superbus Demarati Corinthii filius ex principalibus viris. Is liber ,

---

ponius, en parlant de ce même Papirius, ne l'appelle plus Sextius, mais Publius. Quelques commentateurs ont voulu éclaircir cette difficulté en lui donnant les deux noms de Sextius et de Publius ; mais malgré cela, le peu de documens que nous possédons sur ce jurisconsulte, que M. Hugo lui-même regarde comme incertain, laisse encore la chose fort douteuse.

Démarate (2). Nous avons donné à cette compilation le nom de Droit civil Papirien, quoique ce jurisconsulte n'ait composé aucune partie des choses qu'elle renferme, parce que, le premier, il fit un recueil des lois (3) qui jusqu'alors avaient été promulguées et se trouvaient dispersées confusément.

3. Après l'expulsion des rois, sanctionnée par la loi Tribunitia (4), elles tombèrent toutes (5) en désuétude, et de nouveau le peuple fut régi plutôt par des coutumes et un droit incertain que par des lois positives ; cet état dura près de vingt (6) ans.

---

(2) De qui Pomponius veut-il ici parler? Est-ce de Tarquin l'Ancien ou de Tarquin le Superbe? Mais le premier, quoique fils de Démarate, n'avait pas le surnom de *Superbe*, et le second, à qui on le donna, n'était pas fils, mais arrière-petit-fils de Démarate. C'est en vain que quelques commentateurs ont prétendu qu'il s'agissait ici de Tarquin l'Ancien, à qui, selon eux, l'épithète de *superbus* fut aussi donnée : cette conjecture ne mérite même pas de réfutation, et c'est dénaturer l'histoire, qui nulle part ne nous montre le premier de ces princes comme un orgueilleux, pour la faire servir à l'explication d'une difficulté : nous pensons donc que Pomponius veut-ici parler du dernier des Tarquins, et qu'il a mis *filius* au lieu de *nepos;* nous sommes d'autant plus fondé à le croire, que Denys d'Halicarnasse rapporte que Caïus Papirius, après l'expulsion des rois, remit en usage non-seulement les lois, mais encore les cérémonies du culte. Mais alors naît une autre difficulté : ce personnage, que Denys nomme Caïus, et Pomponius, Sextius ou Publius, est-il le même? Nous n'osons donner une réponse affirmative, et, placé au milieu des contradictions des historiens et des jurisconsultes, nous sommes réduit à douter.

(3) Recueillies et commentées avec soin par un savant Allemand, Pighius, ces lois portent l'empreinte du génie des princes qui les

ut diximus , appellatur Jus civile Papirianum ,
non quia Papirius de suo quicquam ibi adjecit ;
sed quod leges sine ordine latas in unum composuit.

3. **Exactis deinde Regibus lege tribunitia
omnes leges hæ exoleverunt , iterumque cœpit
populus romanus incerto magis jure et consuetudine uti , quam per latam legem : idque prope
viginti annis passus est.**

ont rendues ; ainsi, celles de Romulus concernent en grande partie
la guerre : la religion et ses exercices font l'objet de celles de Numa.

(4) Cette loi fut rendue immédiatement après l'expulsion des
rois par Junius Brutus, alors tribun des Célères (§. 15, *hic*), qui
assembla le peuple avant de se démettre de sa charge, et reçut son
nom des fonctions qu'il exerçait alors. (Voyez *infrà*, la note 6.)

(DENYS D'HALICARNASSE.)

(5) Un passage de Denys d'Halicarnasse ferait penser qu'il n'y
eut que les lois concernant le pouvoir royal, d'abolies : « Il remit en
vigueur (Junius Brutus) les lois équitables de Servius Tullius concernant l'égalité des contrats entre les grands et les plébéiens. »
(Liv. V, chap. 1.)

(6) Ce n'est pas vingt ans, mais soixante-un ans, qui s'écoulèrent
entre l'expulsion des rois et la nomination des décemvirs ; Cujas,
pour justifier le texte de Pomponius, rattache ces mots *lege tribunitia*, aux lois royales, et prétend que c'est le temps inter-
médiaire entre cette loi, qui les abolit, et la nomination des
décemvirs, dont Pomponius a voulu parler : nous ne saurions être
de son avis, d'abord parce que nous ne connaissons aucune loi
tribunitia, excepté celle rendue par Junius Brutus, et que, s'il veut
parler des *lois sacrées* qui établirent les tribuns, il y a encore entre
elles et les décemvirs un espace de trente-sept ans, ce qui fait toujours un anachronisme ; en outre, le mot *exolevere*, qui est dans le

4. Pour y mettre un terme, dix hommes (7) nommés par le peuple, furent chargés de demander des lois aux cités de la Grèce (8) et de donner à la république une législation : gravées sur des tables d'ivoire (9), les lois qu'ils composèrent (10) furent exposées près de la tribune aux harangues pour que chacun pût en prendre plus facilement connaissance. Le souverain pouvoir leur fut confié cette année, à Rome, afin qu'ils pussent, s'il en était besoin, les réformer ou les interpréter. Leurs décisions étaient irrévocables, on ne pouvait en appeler comme de celles des autres magistrats. Les décemvirs ne tardèrent pas à s'apercevoir qu'il manquait quelque chose à ces premières lois, et l'année suivante ils ajoutèrent deux tables à celles qui existaient déjà. Par le fait de cette réunion, ces lois furent appelées Lois des Douze Tables. On a prétendu qu'elles eurent pour auteur un Ephésien, nommé Hermodore, exilé en Italie.

---

texte, indique clairement que ces lois ne furent pas abrogées par une loi positive, mais qu'elles cessèrent d'être en usage. Un commentateur, Bynkershoeck, a donné de cet anachronisme une explication fort ingénieuse; il prétend que le manuscrit portait *sexaginta,* écrit de cette manière, **VI***ginta,* et que le copiste prenant les deux chiffres, qui signifiaient soixante, pour deux lettres, écrivit *viginta.* Cette explication nous paraît assez naturelle, et rejetant l'opinion de Cujas, nous pensons que cette erreur ne peut être attribuée qu'à une faute de copiste.

(7) Les tribuns du peuple ayant demandé au sénat l'établissement d'une législation, on ordonna que des ambassadeurs seraient envoyés en Grèce. (*Voyez* Note 8.) Ils étaient au nombre de trois ,

4. Postea , ne diutius hoc fieret , placuit publicâ auctoritate decem constitui viros , per quos peterentur leges a græcis civitatibus , et civitas fundaretur legibus : quas in tabulas eboreas perscriptas pro Rostris composuerunt , ut possint leges apertius percipi : datumque est eis jus eo anno in civitate summum , uti leges et corrigerent , si opus esset , et interpretarentur : neque provocatio ab eis , sicut a reliquis magistralibus fieret. Qui ipsi animadverterunt aliquid deesse istis primis legibus : ideoque sequenti anno alias duas ad easdem tabulas adjecerunt; et ita ex accidentia appellatæ sunt leges Duodecim Tabularum ; quarum ferendarum auctorem fuisse decemviris Hermodorum quemdam Ephesium, exulantem in Italia, quidam retulerunt.

---

et l'histoire nous a conservé leurs noms : Spurius Posthumius , Servius Sulpicius, et Manlius ; ce ne fut qu'après leur retour que les décemvirs furent nommés. (Rollin , *Hist. Rom.* , liv. 4.)

(8) Ces cités ne sont pas celles de la Grèce proprement dite , il y a long-temps qu'on a reconnu la fausseté de cette prétendue ambassade , mais bien les colonies grecques établies sur les côtes occidentales de l'Italie , telles que Tarente, etc. , etc., et qui portaient le nom de Grande-Grèce.

(9) Ce ne fut pas sur de l'ivoire , que les Romains connaissaient à peine alors , mais sur des tables de bois , *in tabulas roboreas* , que ces lois furent gravées. (Denys d'Halic.)

(10) Quelques critiques mettent *posuerunt* pour *composuerunt* : cette version me semble plus en harmonie avec les mots qui précèdent : *pro rostris.*

5. A peine furent-elles promulguées, qu'il arriva, comme cela a lieu ordinairement, que leur interprétation eut besoin d'être éclaircie par les discussions du Forum et l'autorité des prudens (11). Cette interprétation, ouvrage des jurisconsultes, a formé un droit non écrit, qui, à la différence des autres parties du droit qui sont désignées par leur nom et dont chacun en a un qui lui est propre, ne reçut aucun nom spécial ; mais ordinairement on l'appelle Droit civil,

6. Vers le même temps, mais cependant un peu après, les actions au moyen desquelles les hommes faisaient valoir leurs droits dans les différends qui s'élevaient entre eux, furent établies d'après ces mêmes lois ; mais pour que le peuple ne pût pas en créer à sa fantaisie, on en fixa et le nombre et la forme (12). Cette partie du droit reçut le nom d'actions de la loi, c'est-à-dire, d'actions légitimes. Ce fut ainsi que trois droits prirent naissance presque en même temps : les Lois des Douze Tables, d'où dériva le Droit civil, qui, à son tour, engendra les Actions de la Loi ; la connaissance de toutes ces lois (13) et le droit d'interpréter les actions appartenait au collége des pontifes (14) : c'était

---

(11) En effet, le laconisme souvent obscur de la loi des Douze Tables rendait nécessaires des commentaires lumineux et concis, qualités qu'on ne rencontre pas toujours chez les critiques, dont on a dit avec quelque justesse, que leurs ouvrages étaient quelque-

5. His legibus latis cœpit , ut naturaliter
evenire solet, ut interpretatio desideraret prudentium auctoritate necessariam esse disputa-
tionem fori. Hæc disputatio et hoc jus , quod
sine scripto venit, compositum a prudentibus,
propria parte aliqua non appellatur , ut ceteræ
partes juris suis nominibus designantur, datis
propriis nominibus ceteris partibus ; sed com-
muni nomine appellatur Jus Civile.

6. Deinde ex iis legibus eodem tempore fere
actiones compositæ sunt, quibus inter se ho-
mines disceptarent : quas actiones ne populus,
prout vellet, institueret, certas solemnesque esse
voluerunt; et appellatur hæc pars juris legis
actiones, id est, legitimæ actiones. Et ita eodem
pene tempore tria hæc jura nata sunt : leges xii
tabularum ; ex his fluere cœpit jus civile ; ex iisdem legis actiones compositæ sunt. Omnium
tamen harum et interpretandi scientia et actiones , apud collegium pontificum erant : ex

fois : *rancidos et verbosos commentarios , lucis et doctrinæ parum ,
obscuritatis autem et tenebrarum habentes plurimum.*

(12) *Certas ad numerum , solemnes ad formulam et verba.*

(CuJAS *ad Pomponium.*)

(13) Et par là on entendait toutes les lois en général, tant u droit
sacré que du droit public et privé.

(14) Les patriciens seuls pouvaient faire partie de ce collége, fondé
par Numa, et dont les membres nommaient eux-mêmes aux places
que la mort laissait vacantes parmi eux : ce collège , nous dit

parmi eux qu'était choisi celui qui, chaque
année, devait rendre la justice (15) aux citoyens.
Le peuple conserva pendant près de cent ans
cet usage.

. 7. Mais Appius Claudius (16) ayant composé (17) et rédigé les formules (18) de ces actions, le recueil lui fut dérobé par son secré-
taire Gnæius Flavius, fils d'un affranchi, qui
en donna connaissance au peuple : ce présent
fut si agréable aux Romains, qu'il ne tarda pas
à être nommé tribun du peuple, sénateur et
édile curule. De même qu'on avait appelé
Droit civil Papirien, la compilation de Papirius, de même le livre qui renfermait ces actions fut appelé Droit civil Flavien, quoiqu'aucune des choses qu'il contenait ne fût son ouvrage. Comme l'état augmentait sans cesse et
que plusieurs manières de poursuivre en justice manquaient encore, Sextius Ælius inventa,
quelque temps après, d'autres actions, et publia son ouvrage, auquel on donna le nom de
Droit Ælien.

8. Rome possédait donc et la loi des Douze

Tite-Live, renfermait dans son sein le droit civil, les actions de
la loi et la connaissance du calendrier : *In eorum penetrabilibus
abditum erat jus civile, actiones legis*, etc., etc. (Tit.-Liv.,
liv. 9., ch. 46.)

(15) Chaque année, ils chargeaient l'un d'entre eux de donner
des consultations au peuple ; c'est ce qui a fait dire, à tort, qu'ils
rendaient la justice aux particuliers.

quibus constituebatur , quis quoquo anno
præesset privatis. Et fere populus annis prope
centum hac consuetudine usus est.

7. Postea , cum Appius Claudius proposuisset, et ad formam redegisset has actiones ,
Gnæus Flavius scriba ejus, libertini filius, sub-
reptum librum populo tradidit; et adeo gratum
fuit id munus populo, ut tribunus plebis fieret,
et senator , et ædilis curulis. Hic liber , qui
actiones continet, appellatur Jus civile Flavia-
num, sicut ille jus civile Papirianum. Nam nec
Gnæus Flavius de suo quicquam adjecit libro.
— Augescente civitate, quia decrant quædam
genera agendi , non post multum temporis
spatium Sextus Ælius alias actiones composuit,
et librum populo dedit, qui appellatur Jus
Ælianum.

8. Deinde cum esset in civitate lex XII tabu-

---

(16) Cet Appius Claudius n'est pas le décemvir , mais celui
connu dans l'histoire sous le nom de Cœcus.

(17) Denis Godefroi, dans son édition du Digeste , pense qu'il
faut *composuisset*, au lieu de *proposuisset* ; son opinion ,que j'ai
adoptée , me parait se rapporter mieux au sens de la phrase.

(18) Selon Cujas, Pomponius aurait écrit *formulam*, et Tribonien
y aurait substitué le mot *formam*, parce que le sens de ces mots ,

Tables, et le Droit civil et les Actions de la loi ; lorsque le peuple, à la suite de ses dissensions avec les patriciens, ayant abandonné la ville (19), créa, pour se régir, un nouveau droit qui reçut le nom de plébiscite (20) ; mais étant rentré peu de temps après à Rome, comme ces plébiscites étaient sans cesse une source de discorde, pour les faire cesser, la loi Hortensia (21) les éleva au rang de lois, et voulut qu'ils fussent observés comme tels : il en résulta que les plébiscites et les lois, quoique n'étant pas établis de la même manière, avaient cependant la même autorité.

9. Comme de jour en jour il devenait plus difficile aux plébéiens, et à plus forte raison au peuple entier, de se rassembler, à cause de son accroissement considérable, la nécessité contraignit d'abandonner le soin des affaires de la république au sénat (22), qui en prit alors la direction ; tout ce qu'il ordonnait devait être

---

formule des actions, si usité dans l'ancien droit romain, était presque ignoré sous le Bas-Empire.

(19) Voyez plus loin, note 37.

(20) Les plébiscites (*plebiscita*) étaient les dispositions rendues par le peuple, sur la proposition de ses tribuns ; ils prirent naissance avec cette charge, lors de la première retraite du peuple sur le Mont Sacré.

(21) Les plébiscites n'étaient dans l'origine exécutoires que pour les plébéiens, les nobles refusaient de les reconnaître et de leur obéir ; c'est en vain que les lois Horatia et Publilia, rendues l'an de Rome 304 et 414, par le consul Horatius Barbatus et le dictateur Publilius Philo, avaient déclaré que tous les Romains,

larum, et jus civile, essent et legis actiones;
evenit, ut plebs in discordiam cum patribus
perveniret, et secederet, sibique jura consti-
tueret, quæ jura plebiscita vocantur. Mox cum
revocata est plebs, quia multæ discordiæ nas-
cebantur de his plebiscitis, pro legibus placuit
et ea observari, lege Hortensia : et ita factum
est, ut inter plebiscita et legem, species cons-
tituendi interessent, potestas autem eadem
esset.

9. Deinde quia difficile plebs convenire cœpit,
populus certe multo difficilius in tanta turba
hominum, necessitas ipsa curam reipublicæ ad
senatum deduxit. Ita cœpit senatus se interpo-
nere, et quicquid constituisset, observabatur :
idque jus appellabatur Senatusconsultum.

---

sans distinction, y seraient soumis; toujours les patriciens les
avaient éludées. Enfin, l'an de Rome 466, le peuple, depuis
long-temps en fermentation, aigri encore par la dureté d'un patricien envers un plébéien, son débiteur, abandonna la ville, et se
retira sur le mont Janicule : le sénat, dans cette circonstance difficile, nomma dictateur Hortensius; ce magistrat, pour apaiser les
mécontens, rendit la loi qui porte son nom, et mit par-là fin aux
discordes.

(22) Cet événement important dans les annales de Rome eut
lieu sous le règne de Tibère, dont la politique sombre et artificieuse
redoutait le moindre pouvoir du peuple. Cependant des traces de
lois rendues par le peuple, sous Claude, et récemment décou-
vertes, feraient penser que cet événement est postérieur au règne
de ce prince.

exécuté (23), et les actes qui émanaient de son pouvoir furent appelés Sénatus-consultes.

10. Dans le même temps, les magistrats rendaient aussi la justice, et ils affichaient leurs édits, afin que chacun n'ignorant pas ce qu'ils avaient prescrit sur chaque chose, pût s'en abstenir : ces édits rendus par le préteur formèrent le Droit honoraire, ainsi nommé à cause des honneurs attachés à cette dignité.

11. Tout récemment, comme nous l'avons vu, la force des événemens avait fait passer la puissance législative dans les mains de quelques individus : mais l'intérêt de la république exigeant, à cause des factions (24) qui la désolaient, que son gouvernement fût confié à un seul homme, car le sénat ne pouvait gouverner également bien toutes les provinces, les destinées de l'état furent alors remises à un prince avec le pouvoir de faire exécuter tout ce qu'il ordonnerait (25).

(23) Depuis long-temps le sénat avait le pouvoir de faire des ordonnances ; mais étaient-elles exécutoires pour tous les Romains, sans la sanction du peuple ? La question est controversée ; car, de même que les patriciens refusaient de reconnaître les plébiscites, de même les plébéiens pouvaient refuser d'obéir aux sénatus-consultes; cependant on croit généralement que la loi Hortensia, qui rendit les plébiscites exécutoires pour tous les Romains, accorda le même effet aux sénatus-consultes.

(24) Nous avons donné à cette expression (*per partes*) le sens de *factions*, sens adopté par Ruperti, et dans lequel l'emploient tous les historiens latins, Salluste, Tite-Live, Tacite, etc., dont il serait trop long de rapporter des exemples. Cujas lui a donné une autre interprétation : il prétend que ces mots, *per partes*, signifient

10. Eodem tempore et magistratus jura reddebant; et ut scirent cives quod jus de quaque
re quisque dicturus esset, seque præmuniret,
edicta proponebant : quæ edicta prætorum jus
honorarium constituerunt. Honorarium dicitur, quod ab honore prætoris venerat.

11. Novissime sicut ad pauciores juris cons-
tituendi via transiisse, ipsis rebus dictantibus
videbatur; per partes evenit, ut necesse esset
reipublicæ per unum consuli. Nam senatus non
perinde omnes provincias probe gerere poterat.
Igitur constituto principe, datum est ei jus, ut
quod constituisset, ratum esset.

---

peu à peu, car, dit-il, l'histoire nous montre le pouvoir, échappé des
mains des rois, passer dans celles du peuple, de là au sénat, et
revenir enfin dans celles des empereurs. Un troisième commentateur explique encore ce passage d'une autre manière : selon lui, ce
n'est pas *per partes*, mais *per patres* qu'il faut lire; ce changement,
ajoute-t-il, arriva *ob certamina potentium et avaritiam magistratuum
qui provincias probe gerere non poterant*, et il s'appuie sur un passage
de Tacite, *Ann.*, liv. 1 : *Non aliud discordantis patriæ remedium
fuisse, quam ut ab uno regeretur*. Malgré cette autorité imposante,
nous avons préféré le premier sens comme plus conforme à l'histoire.

(25) *Datum est ei jus*, *etc*. Cette expression peint parfaitement le
caractère romain; républicains dégénérés, esclaves serviles, ils
avaient encore l'orgueil de prétendre qu'on ne leur avait pas arraché la liberté, mais qu'ils en avaient fait volontairement le sa-
crifice au pouvoir impérial. Un passage des *Inst.*, liv. I, tit. II,
§. 6, *Populus ei potestatem concessit*, est encore une preuve de la
vérité de cette assertion.

12. Ainsi, la jurisprudence romaine se compose de tout ce qui a été établi : par la Loi, c'est-à-dire par le Droit écrit ; par le Droit civil proprement dit, qui consiste uniquement dans l'interprétation des prudens, sans avoir jamais été promulgué ; par les Actions de la loi, qui indiquent la manière de procéder en justice ; par les Plébiscites, qui sont rendus sans l'autorité du sénat ; par les Edits des magistrats, d'où dérive le Droit honoraire ; par les Sénatus-Consultes, qui émanent du sénat seulement, sans l'intervention du peuple ; par les Constitutions impériales, qui sont les décrets rendus par le prince, et tout cela a force de loi.

De l'origine et des progrès de la magistrature.

13. Après avoir exposé l'origine et les progrès du droit, il est naturel d'examiner quelles sont les diverses magistratures, et de quelles manières elles se sont établies ; car les effets du droit ne sont applicables que par le ministere de ceux qui rendent (26) la justice, et les lois deviendraient inutiles s'il n'y avait personne pour les faire exécuter. Nous nous occuperons ensuite des divers jurisconsultes qui se sont succédé, car le droit ne peut avoir d'existence durable sans ceux dont les lumières tendent chaque jour à l'améliorer.

---

(26) Plusieurs anciens manuscrits portent *jura reddere*, au lieu de *regere* : cette version, semblable à celle du §. 10, me semble plus latine et préférable.

1 2. Ita in civitate nostra aut jure, id est lege constituitur: aut est proprium jus civile, quod sine scripto in sola prudentium interpretatione consistit : aut sunt legis actiones, quæ formam agendi continent : aut plebiscitum, quod sine auctoritate patrum est constitutum: aut magistratuum edictum, unde jus honorarium nascitur : aut senatusconsultum, quod solum senatu constituente inducitur sine lege : aut est principalis constitutio, id est, ut, quod ipse princeps constituit, pro lege servetur.

1 3. Post originem juris et processum cogni- *De origine et processu magistratuum.* tum, consequens est, ut de magistratuum nominibus et origine cognoscamus : quia, ut exposuimus, per eos, qui juri dicundo præsunt, effectus rei accipitur. Quantum est enim jus in civitate esse, nisi sint qui jura regere possint ? Post hoc deinde de auctorum successione dicemus : quod constare non potest jus, nisi sit aliquis juris-peritus, per quem possit quotidie in melius produci.

14. Quant aux magistrats, il est certain que dans les premiers temps de Rome, les rois possédaient toute (27) l'autorité.

15. Mais la charge de tribun des Célères (28) existait déjà alors. Cet officier, qui commandait la cavalerie, était, en quelque sorte, après le prince, la première personne de l'Etat. Junius Brutus, qui chassa Tarquin de Rome, était tribun des Célères.

16. Après l'expulsion des rois, le peuple créa deux magistrats, nommés Consuls (parce qu'ils étaient appelés à veiller aux intérêts de la république), auxquels il accorda un pouvoir presque souverain; mais de peur qu'ils ne se l'arrogeassent dans toute son étendue, une loi (29) permit d'en appeler de leurs sentences, et leur défendit de condamner un citoyen à mort sans l'ordre du peuple (30); ils pouvaient seulement infliger des punitions et faire jeter dans les prisons publiques.

17. Dans la suite, un temps considérable devenant nécessaire pour faire le dénombre-

---

(27) Cependant un passage de Valère-Maxime fait penser que leurs jugemens n'étaient pas définitifs ni sans appel, et que le peuple pouvait les casser : *M. Horatius sororis interfectæ crimine a Tullo rege damnatus ad populum provocato judicio, absolutus est.* (VAL. MAX., liv. VIII, ch. 1.)

(28) Les Célères, institués par Romulus, formaient un corps de trois cents cavaliers, qui accompagnaient toujours la personne du monarque.

(29) La loi Valéria, rendue par le consul Valérius Publicola, l'an de Rome 345, avant J.-C. 507.

14. Quod ad magistratus attinet, initio civitatis hujus constat, reges omnem potestatem habuisse.

15. Iisdem temporibus et tribunum Celerum fuisse constat. Is autem erat, qui equitibus præerat, et veluti secundum locum a Regibus obtinebat. Quo in numero fuit Junius Brutus, qui auctor fuit reges ejiciendi.

16. Exactis deinde regibus, Consules constituti sunt duo : penes quos summum jus uti esset, lege rogatum est. Dicti sunt ab eo quod plurimum reipublicæ consulerent : qui tamen, ne per omnia regiam potestatem sibi vindicarent, lege lata factum est ut ab eis provocatio esset, neve possent in caput civis romani animadvertere injussu populi : solum relictum est illis, ut coercere possent, et in vincula publica duci juberent.

17. Post deinde cum census jam majori tempore agendus esset, et consules non sufficerent, huic quoque officio Censores constituti sunt.

---

(30) Cette phrase ferait presque penser qu'avant la promulgation de la loi Valéria, les jugemens des consuls étaient sans appel ; cependant, si nous ajoutons foi au passage de Val. Maxime, rapporté dans la note 27, comment croire que ces Romains, si jaloux de leur liberté, eussent laissé aux consuls un pouvoir supérieur à celui des rois qu'ils venaient de chasser ?

ment (31) des citoyens, et les consuls ne pouvant y suffire, on créa pour cet emploi des magistrats appelés Censeurs (32).

18. Le peuple prenait sans cesse de l'accroissement; mais il avait de fréquentes guerres, et ses frontières étaient souvent le théâtre des plus sanglantes. La nomination d'un magistrat investi de plus grands pouvoirs devenait nécessaire dans ces circonstances, et on créa un Dictateur (33); ses décisions étaient sans appel, il avait le droit de vie et de mort, mais il ne pouvait garder au-delà de six mois (34) le pouvoir souverain dont il était revêtu.

19. De même que les rois avaient eu des tribuns des Célères, de même on adjoignit au dictateur des maîtres de la cavalerie, dont les

---

(31) Le cens, ou dénombrement des citoyens, fut institué sous le règne de Servius Tullius : les censeurs furent créés l'an de Rome 311, avant J.-C. 443. Ils le furent, parce qu'on ne pouvait retarder davantage le dénombrement du peuple, négligé depuis plusieurs années, et qu'il était impossible aux consuls, obligés de contenir une foule de nations en guerre avec Rome, d'y présider eux-mêmes : « *In populo per multos annos incenso, neque differri census poterat, neque consulibus, cum tot populorum bella imminerent, operæ erat id negotium agere.* » (Tit. Liv. , liv. 4 , ch. 8.)

(32) Dans l'énumération des diverses magistratures romaines, Pomponius ne paraît pas s'être attaché à suivre l'ordre chronologique. En effet, il nous parle ici des censeurs avant de nous avoir rien dit des dictateurs, qui cependant leur sont antérieurs de près de quarante-deux ans : la raison qui l'aura porté à intervertir ainsi l'ordre des dates, a été sans doute de placer cette magistrature immédiatement après le pouvoir consulaire, dont elle était un démembrement.

18. Populo deinde aucto, cum crebra orirentur bella, et quædam acriora a finitimis inferrentur, interdum re exigente placuit majoris potestatis magistratum constitui : itaque Dictatores proditi sunt, a quibus nec provocandi jus fuit, et quibus etiam capitis animadversio data est. Hunc magistratum, quoniam summam potestatem habebat, non erat fas ultra sextum mensem retinere.

19. Et his dictatoribus magistri equitum injungebantur, sic quomodo regibus tribuni Celerum ; quod officium fere tale erat, quale

---

(33) Le premier dictateur romain, nommé l'an de Rome 256 ; avant J.-C. 496, est Lartius. Le motif de sa création, quoi qu'en dise Pomponius, fut moins les dangers de la guerre entreprise alors contre les Latins, que le refus qu'avait fait le peuple de prendre les armes et d'obéir aux consuls, refus qui avait mis la république dans le plus grand danger. — On a prétendu que toutes les magistratures cessaient pendant la durée du dictatoriat, et on s'est trompé en voulant être trop exclusif, car il est bien certain que les tribuns continuaient leurs fonctions. Polybe nous le dit formellement : Ου κατασταδεντος, παρα χρημα διαλυεσται συμβαινει πασας τας αρχας εν τη Ρωμη, πλην των δημαρχων. « A peine le dictateur est-il nommé, que tous les magistrats cessent leurs fonctions, excepté le tribun du peuple. » (POLYBE, liv. 3, ch. 87.)

(34) *Tantum enim eam tempore coarctandam putabant, quantum magnitudine et potentia eminebat. Pænius, in Eutrop.*, lib. 1, chap. XI. L'esprit méfiant et républicain des Romains avait dicté cette mesure.

fonctions étaient à peu près semblables à celles dont les préfets du prétoire (35) sont aujourd'hui chargés. Ces magistrats étaient néanmoins regardés comme légitimes (36).

20. Vers la même époque, et dix-sept ans environ après l'expulsion des rois, le peuple s'étant séparé des patriciens, se nomma, sur le Mont-Sacré, des magistrats tirés de son sein, qui furent appelés Tribuns (37), soit parce qu'autrefois le peuple était divisé en trois parties qui chacune nomma un tribun, soit parce qu'ils étaient nommés par le suffrage des tribus.

21. On choisit aussi, parmi les plébéiens, deux magistrats appelés Ediles, chargés de veiller à la conservation des édifices où le peuple déposait (38) ses ordonnances.

22. Le trésor public devenant de jour en jour plus considérable, on établit, pour en avoir la direction, des magistrats, auxquels on

---

(35) Le préfet du prétoire était le commandant de la garde de l'empereur, dont les diverses compagnies portaient les noms de *Scholarii*, *Domestici*, *Protectores*, *Silentiarii*. Plusieurs jurisconsultes, Papinien, sous Caracalla, Paul et Ulpien, sous Alexandre Sévère, furent préfets du prétoire.

(36) L'intention de Pomponius paraît être de dire que le dictateur et le maître de la cavalerie, quoique nommés dans des circonstances extraordinaires, n'en étaient pas moins des magistrats légitimes : la conjonction *tamen* vient à l'appui de cette opinion.

(37) Fatigués depuis long-temps de l'orgueil et des exactions des patriciens, le peuple et l'armée abandonnèrent la ville, l'an de

hodie præfectorum prætorio. Magistratus tamen habebantur legitimi.

20. Iisdem temporibus cum plebs a patribus
secessisset, anno fere septimodecimo post Reges
exactos, tribunos sibi in Monte Sacro creavit,
qui essent plebeii magistratus. Dicti Tribuni,
quod olim in tres partes populus divisus erat,
et ex singulis singuli creabantur; vel quia tri-
buum suffragio creabantur.

21. Itemque ut essent, qui ædibus præessent,
in quibus omnia scita sua plebs deferebat; duos
ex plebe constituerunt, qui etiam Ædiles appel-
lati sunt.

22. Deinde cum ærarium populi auctius esse
cœpisset; ut essent, qui illi præessent, constituti sunt Quæstores qui pecuniæ præessent;

Rome 261, avant Jésus-Christ 492, et se retirèrent sur le Mont-
Sacré : pendant trois jours ils refusèrent d'écouter les propositions
du sénat ; à la fin vaincus par l'éloquence et les prières de Méné-
nius Agrippa, ils consentirent à rentrer à Rome ; mais ce ne fut
qu'en ramenant avec eux de nouveaux magistrats, défenseurs futurs
de leurs libertés ; c'étaient les tribuns du peuple. Ils étaient invio-
lables : celui qui aurait osé porter la main sur leur personne était
maudit et dévoué aux dieux infernaux, *sacer erat*. D'abord établis
au nombre de cinq, trente-six ans après, l'an de Rome 297, avant
J.-C. 455, ils furent augmentés jusqu'à dix.

(38) Les lois rendues par le peuple étaient déposées dans des édifices spécialement consacrés à cet usage ; les sénatus-consultes
étaient de même conservés dans le temple de Cérès.

donna le nom de Questeurs (3g), parce que leurs fonctions consistaient à faire rentrer et conserver l'argent.

23. Comme la loi, ainsi que nous l'avons vu plus haut, défendait aux consuls de condamner un citoyen à mort sans l'ordre du peuple, on créait, pour y suppléer, des questeurs chargés des causes criminelles : Ces juges, dont la loi des Douze Tables elle-même fait mention, étaient appelés Questeurs des parricides (40).

24. Lorsque l'on eut résolu d'avoir un corps de lois, le peuple décréta que tous les magistrats (41) cesseraient leurs fonctions, et nomma des Décemvirs pour une année; mais ceux-ci, non contens de prolonger la durée de leurs charges, traitèrent le peuple avec rigueur, et ne voulurent pas résigner leurs places, afin qu'étant occupées par eux et leurs créatures, ils pussent tenir la république dans une continuelle dépendance (42) ; ils poussèrent les choses au point que l'armée, fatiguée de leur intolérable tyrannie, abandonna la ville. Cette

---

(39) L'administration du trésor public, renfermé dans le temple de Saturne, leur était déjà confiée sous les rois; lors de leur expulsion, cette charge fut supprimée et réunie à celle des consuls; mais elle ne tarda pas à être rétablie, sur la proposition de Valérius Publicola.

(40) Il ne faut pas entendre ce mot avec l'idée du crime que nous y attachons; il était pris à Rome dans l'acception de notre mot

dicti ab eo quod inquirendæ et conservandæ pecuniæ causa creati erant.

23. Et quia, ut diximus, de capite civis romani injussu populi non erat lege permissum consulibus jus dicere ; propterea quæstores constituebantur a populo, qui capitalibus rebus præessent. Hi appellabantur Quæstores parricidii, quorum etiam meminit lex Duodecim Tabularum.

24. Et cum placuisset leges quoque ferri, latum est ad populum, uti omnes magistratus se abdicarent : quo Decemviri constituti anno uno, cum magistratum prorogarent sibi, et cum injuriosè tractarent, neque vellent deinceps sufficere magistratibus, ut ipsi et factio sua perpetuò rempublicam occupatam retinerent ; nimia atque aspera dominatione eo rem perduxerant, ut exercitus a republica secederet. Initium fuisse secessionis dicitur Virginius quidam. Qui cum animadvertisset Appium Claudium contra jus, quod ipse ex vetere

---

homicide ; *parricidium, id est parem cædere*, l'action de tuer son semblable, et était appliqué à tout crime entraînant la peine capitale ; *omne crimen capitale parricidium dicebatur.*

(41) Sans même en excepter les tribuns du peuple. (DEN. D'HALICARNASSE, liv. 3.)

(42) .... « *Ne comitia haberent, perpetuoque decemviratu possessum semper retinerent imperium.* (TITE LIVE, liv. 3, ch. 36.)

défection fut l'ouvrage d'un nommé Virginius. Ce citoyen, voyant que le décemvir Appius-Claudius, épris pour sa fille d'un amour violent, et se croyant tout permis pour arriver à son but, lui refusait, par provision (malgré les lois anciennes, qu'il avait lui-même conservées et sanctionnées dans les Douze Tables), la liberté de cette infortunée, tandis qu'il la livrait à celui qu'il avait aposté, et qui la revendiquait comme son esclave : ce père, indigné de voir que, pour lui ravir sa fille, on violait les lois depuis long-temps en vigueur, puisque le premier consul romain, Brutus, avait autrefois accordé, par provision, la liberté à l'esclave des Vitellius, Vindicius, pour avoir découvert la conspiration tramée en faveur de la royauté, préférant la mort de Virginie à son déshonneur, saisit un couteau placé sur la boutique d'un boucher et la poignarda (43) lui-même pour l'arracher aux outrages qui l'attendaient : aussitôt, couvert encore du sang de sa fille, il se réfugie au milieu de ses compagnons d'armes ; les légions alors campées, à cause de la guerre, sur le Mont-Algide, abandonnent au même instant leurs généraux et se retirent avec leurs enseignes sur le Mont-Aven-

---

(43) Silius Italicus nous a peint en vers touchans cet horrible événement :

. . . . Virginia juxta,
Cerne cruentato vulnus sub pectore servat

jure in Duodecim Tabulas transtulerat, vindicias filiæ suæ a se abdixisse ; et secundum eum, qui in servitutem ab eo suppositus petierat, dixisse ; captumque amore virginis, omne fas ac nefas miscuisse : indignatus, quod vetustissima juris observantia in persona filiæ suæ defecisset ; utpote cum Brutus, qui primus Romæ consul fuit, vindicias secundum libertatem dixisset in persona Vindicis, Vitelliorum servi, qui proditionis conjurationem indicio suo detexerat, et castitatem filiæ vitæ quoque ejus præferendam putaret : arepto cultro de taberna lanionis filiam interfecit, in hoc scilicet, ut morte virginis contumeliam stupri arceret. Ac protinus recens a cæde, madenteque adhuc filiæ cruore ad commilitones confugit, qui universi de Algido, ubi tunc belli gerendi causa legiones erant, relictis ducibus pristinis, signa in Aventinum transtulerunt, omnisque plebs urbana mox eodem se contulit. Populique consensu partim in carcere necati. Ita rursus respublica suum statum recepit.

Tristia defensi ferro monumenta pudoris ;
Et patriam laudat miserando in vulnere dextram.

Sil. Ital., Bell. pun., liv. 13.

G. Fabricius, dans ses monumens de l'antiquité (auxquels il ne faut pas toujours ajouter foi), nous rapporte l'inscription mise par Virginius sur le tombeau de sa fille ; elle était conçue en ces termes :

Virginius. filiæ. meæ. Carissimæ. Carissimæ. nimiam. ob. pietatem. propriis. meis. manibus. interemptæ. proh. dolor. quantum. fuit. Carissima. vixit. Ann. XVI, juventutis. ejus. menses. V, Dies. III.

tin ,, où les plébéiens de la ville ne tardèrent pas à les joindre ; mais la plupart des auteurs des troubles (44) ayant été, d'après la volonté du peuple, mis à mort dans leurs prisons (45), la république reprit alors son ancienne forme de gouvernement (46).

25. Plusieurs années après la promulgation de la loi des Douze Tables, comme le peuple, sans cesse en opposition avec les patriciens, demandait que les consuls fussent aussi choisis dans son ordre, et que les nobles refusaient d'y consentir (47), on créa, pour le dédommager, des Tribuns militaires, revêtus de l'autorité consulaire, et qu'on choisissait parmi les plébéiens et les patriciens ; le nombre de ces officiers n'était pas fixé, tantôt ils étaient vingt (48), quelquefois plus, quelquefois moins.

26. Mais lorsque plus tard les plébéiens eurent été admis au consulat (49), les consuls furent

---

(44) Ceci doit s'entendre des décemvirs.

(45) De ce nombre furent les décemvirs App. Claudius et Oppius ; mais périrent-ils *consensu populi* ? c'est ce que nous ignorons : le fait est, qu'Appius attaqué avec véhémence devant le peuple, par les tribuns, au nombre desquels se trouvait le père de sa victime, Virginius, il fut trouvé sans vie dans sa prison la veille du jour où il devait être jugé : il est probable qu'il voulut échapper par une mort volontaire au supplice qui l'attendait, le peuple ayant menacé de le brûler vif ; quant aux autres décemvirs, ils furent punis par l'exil.

(46) C'est-à-dire que les consuls, les tribuns, et tous les magistrats, dont l'autorité avait été suspendue sous les décemvirs, reprirent leurs fonctions.

25. Deinde cum post aliquot annos quam Duodecim Tabulæ latæ sunt, et plebs conten deret cum patribus, et vellet ex suo quoque corpore consules creare, et patres recusarent ; factum est, ut Tribuni militum crearentur, partim ex plebe, partim ex patribus, consulari potestate. Hique constituti sunt vario numero : interdum viginti fuerunt, interdum plures, nonnunquam pauciores.

26. Deindè cum placuisset creari etiam ex plebe consules, cœperunt ex utroque corpore

---

(47) De peur, disent les historiens, de voir les charges souillées par l'admission des plébéiens ; *ne honorum vocabulum a promiscua turba inquinaretur, et maluerunt patri communicare plebi consularem potestatem quam consulum nomen.* (Zonaras, vol. 2, p. 60.)

(48) Nous pensons avec Cujas qu'il y a ici une erreur dans le texte, et que jamais le nombre de ces officiers ne s'éleva au-delà de six ou huit : ce qui donne beaucoup de poids à cette opinion, c'est une inscription trouvée à Lyon sur une table d'airain, qui porte : *Quid in plures distributum consulare imperium tribunosque militum consulari imperio appellatos qui seni et sæpe octoni crenrentur.* Leur création date de l'an de Rome 310, avant J.-C. 442.

(49) Ce fut l'an de Rome 387, avant J.-C. 365, que les plébéiens

alors pris indistinctement dans les deux classes. Cependant, pour que les praticiens conservassent encore quelque prééminence (5o), on tira de leur sein deux nouveaux magistrats : ce sont les Édiles curules.

27. Souvent les consuls étaient retenus hors de Rome par des guerres lointaines, et personne alors ne pouvait rendre la justice. Pour remédier aux inconvéniens de cette absence, on créa un Préteur (51), appelé *Préteur urbain*, parce qu'il exerçait ses fonctions dans la ville.

28. L'affluence des étrangers à Rome ne tarda pas à rendre ce magistrat insuffisant, et on lui adjoignit un nouveau préteur, qui reçut le nom de Préteur des étrangers, parce que c'était ordinairement à eux qu'il rendait la justice.

29. Plus tard, comme il était nécessaire que les ventes à l'encan fussent présidées par des magistrats, les Décemvirs, juges des procès, furent chargés de ce soin (52).

3o. On créait en même temps des Quatuor-

---

l'emportèrent, et parvinrent pour la première fois au consulat dans la personne de Sextus.

(5o) Par une sorte de compensation, l'édilité curule fut instituée en faveur des patriciens, l'année même de l'admission des plébéïens au consulat......... « *Hos sibi patricii, quæsivere honores pro concesso plebi altero consulatu.* » (TITE LIVE.)

(51) Etablie l'an de Rome 388, la préture resta pendant près de trente ans dans les mains des patriciens ; Publilius Philo, déjà honoré de la dignité de consul et de dictateur, fut le premie plébéïen qui en fut revêtu, l'an de Rome 418.

(5a) Ce paragraphe, par son obscurité, a divisé les commenta-

constitui. Tunc, ut aliquo pluris patres haberent, placuit duos ex numero patrum constitui. Ita facti sunt Ædiles curules.

27. Cumque consules avocarentur bellis finitimis, neque esset qui in civitate jus reddere
posset : factum est ut Prætor quoque crearetur,
qui Urbanus appellatus est, quod in urbe jus
redderet.

28. Post aliquot deinde annos non sufficiente
eo prætore, quod multa turba etiam peregri-
norum in civitatem veniret, creatus est et alius
prætor, qui Peregrinus appellatus est ab eo
quod plerumque inter peregrinos jus dicebat.

29. Deinde cum esset necessarius magistratus,
qui hastæ præessent, Decemviri in litibus judi-
candis sunt constituti.

30. Eodem tempore et Quatuorviri, qui curam

---

teurs, et l'explication en est en effet fort difficile. Cujas prétend
que *hasta* ne signifie pas ici la lance sous laquelle se faisaient les ad-
judications publiques, mais la marque distinctive et extérieure de
l'autorité des décemvirs. Bynkersboeck, en adoptant le sens que
nous avons suivi, avoue qu'il ne comprend pas à quoi se rapporte la phrase subséquente, *decemviri, etc., etc.* La nouvelle
ponctuation donnée au texte de Pomponius, en supprimant les
deux points (:) placés après *præessent*, nous paraît avoir éclairci
la difficulté, et c'est en suivant ce changement, contraire à l'édition de Cujas, que nous avons traduit.

virs (53), pour avoir l'intendance des routes ; des Triumvirs monétaires, chargés de la fonte des monnaies d'or, d'argent et d'airain ; et des Triumvirs criminels (54), à qui l'inspection des prisons était confiée, et qui intervenaient lorsqu'il y avait des punitions à infliger.

31. Comme il n'était pas convenable que les magistrats parussent en public après le coucher du soleil, on nomma en deçà et au-delà du Tibre, cinq personnes (55) pour remplir pendant ce temps leurs fonctions.

32. Après la conquête de la Sardaigne, de la Sicile, de l'Espagne et de la Gaule narbonnaise, on créa autant de préteurs qu'il y avait de provinces soumises (56), et une partie d'entre eux restaient à Rome pour administrer la justice, tandis que les autres (57) allaient gouverner

---

(53) La plupart des fonctions dont nous parle Pomponius dans ce paragraphe, furent distraites de celles d'autres magistrats dont elles faisaient autrefois partie ; les censeurs, par exemple, avaient l'intendance des routes, etc., et ainsi des autres. Pomponius passe ici sous silence quelques charges créées à la même époque, telles que les *triumviri nocturni*, dont l'emploi était de parcourir la nuit les rues de Rome pour empêcher les incendies ; ils étaient responsables, nous dit Valère Maxime, du dommage, lorsque par leur négligence ils avaient laissé à l'incendie le temps de s'accroître.

(54) Quelques critiques se fondant sur un passage de Val. Maxime ; « *Sanguinis ingenui mulierem prœtor apud tribunal suum capitali* » *crimine, damnatum, triumviro in carcere necandam tradidit,* » ont prétendu que ces triumvirs étaient les bourreaux. Nous ne réfuterons pas cette conjecture, parce qu'une réfutation n'est pas nécessaire ; nous ferons seulement observer que pour être chargé de faire

viarum gererent : et Triumviri Monetales æris,
argenti, auri flatores : et Triumviri Capitales,
qui carceris custodiam haberent ; ut cum ani-
madverti oporteret, interventu eorum fieret.

31. Et quia magistratibus vespertinis tempo-
ribus in publicum esse inconveniens erat .
Quinqueviri constituti sunt cis Tiberim, et ultis
Tiberim, qui possint pro magistratibus fungi.

32. Capta deinde Sardinia, mox Sicilia, item
Hispania, deinde Narbonensi provincia ; toti-
dem Prætores, quot provinciæ in ditionem
venerant, creati sunt, partim qui urbanis rebus, partim qui provincialibus præessent.
Deinde Cornelius Sylla quæstiones publicas

---

exécuter les jugemens des magistrats, on n'est pas pour cela des
bourreaux.

(55) Tite-Live, liv. 39, chap. 14, appelle ces ul-Tibères et ces
ci-Tibères, substituts (*adjutores*) des triumvirs criminels.

(56) Pomponius est tombé ici dans une erreur manifeste : ce n'est
pas, comme il dit, quatre préteurs, mais bien cinq, qui furent
créés pour ces quatre provinces, l'Espagne, à cause de son étendue, ayant été divisée en deux départemens (Espagne ultérieure
et citérieure), dont chacun eut un préteur particulier.

(57) Dans l'origine, on créait autant de préteurs qu'il y avait de
provinces, seulement on gardait les deux premiers à Rome pour y
rendre la justice ; mais lorsque plus tard Sylla eut établi des enquêtes publiques, tous les préteurs furent obligés de rester pour
les présider, et on ne les envoyait dans leurs départemens que
l'année suivante, avec le titre de pro-préteurs, et lorsqu'ils étaient
remplacés à Rome par de nouveaux magistrats.

(*Voyez* BEAUFORT, *Rep. Rom.*, tom. 2.)

les provinces. Cornélius Sylla ayant établi des enquêtes publiques (58) contre les. faussaires, les parricides et les assassins, nomma, pour les présider, quatre nouveaux préteurs(59). Après lui, Caïus-Jules-César créa encore deux préteurs et deux édiles , appelés Céréales , du nom de Cérès , parce qu'ils étaient préposés à l'approvisionnement du bled nécessaire aux besoins de Rome : il y eut alors douze préteurs et six édiles. Le nombre des préteurs fut porté par Auguste jusqu'à seize (60) ; Claude en ajouta ensuite deux autres pour juger les différends qui s'élevaient touchant les fidéi-commis. Titus en supprima un ; mais il fut rétabli par l'empereur Nerva, qui le chargea de prononcer sur les contestations qui naissaient entre le fisc et les particuliers. On voit, d'après cela, qu'il y a dans la république dix-huit préteurs qui rendent la justice.

33. Il en est ainsi quand les magistrats sont à Rome ; mais lorsqu'ils sont obligés de s'en absenter, il en reste toujours un pour rendre la justice : c'est le Préfet de la ville, magistrat d'abord nommé pour exercer pendant

---

(58) C'étaient des tribunaux criminels permanens, assez semblables à nos cours d'assises.

(59) Cujas pense , et nous adoptons entièrement son avis, qu'il y a ici une omission dans le texte ; et cela n'est-il pas probable lorsque nous voyons Pomponius nous parler de la création de quatre préteurs, tandis qu'il ne nous indique que trois des crimes pour lesquels ils furent établis, surtout lorsque nous savons que Sylla , pendant sa dictature , rendit quatre lois connues sous le

constituit , veluti de falso , de parricidio , de
sicariis: et prætores quatuor adjecit. Deinde
Gaius Julius Cesar duos prætores , et duos
ædiles , qui frumento præessent, et a Cerere
Cereales constituit. Ita duodecim prætores, sex
ædiles sunt creati. Divus deinde Augustus·se-
decim prætores constituit ; post deinde divus
Claudius duos prætores adjecit, qui de fidei-
commisso jus dicerent. Ex quibus unum divus
Titus detraxit, et adjecit divus Nerva , qui inter
fiscum et privatos jus diceret. Ita decem et octo
prætores ïn civitate jus dicunt.

33. Et hæc omnia quoties in republica sunt
magistratus , observantur ; quoties autem pro-
ficiscuntur, unus relinquitur, qui jus dicat.
Is vocatur Præfectus urbi, qui præfectus olim
constituebatur, postea fere latinarum feriarum

---

nom de *Cornelia de falsis, de paricidiis, de sicariis, et de injuriis.*
Cette dernière était destinée à réprimer l'audace des libellistes ;
il est évident dès-lors que c'est au quatrième de ces préteurs
qu'était réservée la connaissance des délits commis en contraven-
tion à la loi *de injuriis,* dont Pomponius ne parle pas.

(60) Il paraît que le nombre des préteurs, sous César et Auguste,
ne fut pas toujours tel qu'il est ici, car Denys d'Halicarnasse
compte jusqu'à seize préteurs sous César, et nous dit que pendant
le règne d'Auguste il y en eut tantôt douze, tantôt quatorze,
tantôt seize. (DENYS D'HALICARN., liv. 43.)

les fêtes latines (61), et qu'on renouvelait chaque année. Il faut bien se garder de le confondre avec le commandant (préfet) des vigiles (62) et le directeur (préfet) des vivres ; car ces fonctionnaires, institués pour l'intérêt général , ne sont pas des magistrats. Cependant ceux qui (comme nous l'avons dit) avaient été créés pour exercer en deçà du Tibre, étaient ensuite élevés, par un sénatus-consulte (63) , au rang d'Édiles.

34. En récapitulant tous les magistrats dont nous venons de parler, on trouve qu'il y a , pour rendre la justice à Rome, dix tribuns du peuple , deux consuls, dix-huit préteurs et six édiles.

De la succession des prudens.

35. Un grand nombre de personnages illustres se sont livrés à l'étude de la jurisprudence : nous ferons mention de ceux qui ont acquis le plus de célébrité , afin qu'on sache à quels hommes la législation romaine doit naissance et quels hommes nous l'ont transmise. Tibérius Coruncanius est, dit-on, de tous les jurisconsultes , le

---

(61) Ces fêtes, instituées sous le règne de Tarquin, avaient pour but de célébrer l'anniversaire de la réunion des Romains et des Latins après l'enlèvement des Sabines ; elles se faisaient avec beaucoup de pompe ; tous les citoyens, précédés des consuls et des magistrats, se rendaient processionnellement sur le Mont-Albin, où l'on immolait aux dieux un taureau blanc. Comme alors la ville restait déserte, les consuls nommaient, pour le temps de leur absence, un préfet de la ville, simulacre de magistrat, dont les fonctions duraient quelques heures ; c'était ordinairement un jeune homme choisi dans une famille patricienne.

causa introductus est, et quotannis observatur. Nam præfectus annonæ et vigilum non sunt magistratus, sed extra ordinem utilitatis causa constituti sunt : et tamen hi, quos Cistiberes diximus, postea Ædiles senatusconsulto creabantur.

34. Ergo ex his omnibus decem tribuni plebis, consules duo, decem et octo prætores, sex ædiles in civitate jura reddebant.

35. Juris civilis scientiam plurimi et maximi viri professi sunt. Sed qui eorum maximæ dignationis apud populum romanum fuerunt, eorum in præsentia mentio habenda est, ut appareat a quibus et qualibus hæc jura orta et tradita sunt. Et quidem ex omnibus qui scientiam nacti sunt, ante Tiberium Coruncanium

De successione prudentûm.

---

(62) Les Vigiles étaient une espèce de garde urbaine destinée à maintenir la police dans Rome.

(63) Etait-ce en vertu d'un sénatus-consulte, dont l'effet général aurait été d'élever tous les cis-Tibères à la charge d'édiles, ou bien fallait-il pour chacun une décision du sénat renouvelée toutes les fois ? La question présente de la difficulté ; mais comme ces deux sens sont également admissibles, nous ne nous chargeons pas de la trancher.

premier qui enseigna le droit publiquement. Avant lui , ils s'efforçaient d'envelopper d'obscurité l'étude du droit civil ; ils donnaient des consultations (64), mais ne voulaient pas enseigner leur science.

36. Publius Papirius (65), qui fit un recueil des lois royales, est le premier jurisconsulte qui s'offre à nous. App. Claudius, l'un des décemvirs, et qui contribua principalement à la rédaction de la loi des Douze Tables , paraît après lui; un autre Appius Claudius , de la même famille, connu sous le nom de Centemanus (66) , se distingua aussi dans la science du droit ; c'est lui qui fit faire la voie Appienne, construire l'aqueduc Claudien pour amener de l'eau à Rome, et qui vota pour ne pas admettre Pyrrhus dans la ville : on dit qu'il composa le premier des actions contre l'interruption de l'usucapion ; mais son ouvrage ne nous est pas parvenu. Le même jurisconsulte inventa aussi la lettre R, et le résultat de cette innovation (67) fut de faire prononcer Valérius pour Valésius , Furius pour Fusius.

---

(64) C'est ce qui a fait dire à Cujas que *leurs consultations* étaient en quelque sorte des oracles........ *Sed consultatoribus , tantum oracula reddebant ,* au moyen desquels ils expliquaient , suivant l'expression de Cicéron , les mystères du Droit, *mysteria Juris.*

(65) *Voyez* sur ce jurisconsulte , les notes 1 et 2.

(66) Ce surnom lui fut probablement donné à cause des grands travaux qu'il fit exécuter.

(67) Ce membre de phrase a excité de grands débats parmi les

publice professum neminem traditur. Cæteri
autem ad hunc vel in latenti jus civile retinere
cogitabant, solumque consultatoribus vacare
potius quam discere volentibus se præstabant.

36. Fuit autem in primis peritus Publius Papirius, qui leges regias in unum contulit. Ab
hoc Appius Claudius, unus ex decemviris, cujus
maximum consilium in xii tabulis scribendis
fuit. Post hunc Appius Claudius, ejusdem ge-
neris, maximam scientiam habuit. Hic Centemanus appellatus est; Appiam viam stravit, et
aquam Claudiam induxit, et de Pyrrho in urbe
non recipiendo sententiam tulit. Hunc etiam
actiones scripsisse traditum est, primum de
usurpationibus, qui liber non exstat. Idem Appius Claudius qui videtur ab hoc processisse,
R litteram invenit; ut pro Valesiis Valerii essent, et pro Fusiis Furii.

---

jurisconsultes, et fait naître presque autant d'opinions qu'il y a eu
de commentateurs; les uns pensent que ce n'est pas *idem* qu'il y a
dans le texte, et que les mots *videtur ab hoc processisse*, se rapportent à un autre Appius, descendant de celui-ci. Mais alors il était
donc jurisconsulte ? car sans cela Pomponius n'en aurait pas parlé,
et la découverte d'une lettre de l'alphabet ne suffit pas pour donner
à un homme la science des lois; s'il était jurisconsulte, pourquoi
ne pas nous donner des détails sur son compte, et ne rapporter
uniquement que des titres littéraires ? D'autres commentateurs
sont d'avis que les mots controversés se rapportent au changement
opéré dans la prononciation par la découverte de la lettre R : cette
opinion, adoptée par Muret, est celle que nous avons suivie.

37. Après eux se distinguèrent Sempronius, célèbre par son vaste savoir, à qui le peuple décerna le titre de Sage, que personne avant ou après lui n'avait obtenu ; Caius Scipion Nasica, que le sénat proclama le plus homme de bien (68) de la ville, et à qui on donna une maison dans la voie Sacrée, afin de pouvoir le consulter plus facilement ; Quintus Mucius, qui, étant ambassadeur à Carthage, s'empara lui-même de deux dés, emblèmes de la paix et de la guerre, qu'on lui présentait en lui demandant lequel il voulait reporter Rome, et somma (69) les Carthaginois de choisir.

38. Tibérius Coroncanius (70), qui, le premier, enseigna le droit publiquement (71), vint ensuite. Les ouvrages de ce jurisconsulte ne sont pas arrivés jusqu'à nous ; mais il avait laissé un grand nombre de réponses et un livre intitulé *Memorabilia*. Plus tard, Publius Ælius, Sextus Ælius, son frère, et Publius Atilius montrèrent dans leurs leçons tant de savoir, que les Ælius ne tardèrent pas à devenir consuls et

---

(68) L'épithète que lui donnèrent les Romains n'est pas *optimus*, mais *corculum*, qui exprime plus fortement encore l'amour que lui portaient ses concitoyens.

(69) L'histoire nous apprend que l'auteur de cette action n'est pas Mucius, mais Quintus-Fabius Maximus, qui, venant demander vengeance de la prise de Sagonte, forma au milieu du sénat carthaginois deux plis à sa toge, et leur commanda d'opter pour la paix ou la guerre.

(70) Consul en 473, avec Val. Levinus, ce jurisconsulte obtint

37. Fuit post eos maximæ scientiæ Sempronius, quem populusromanus ΣΟΦΟΝ appellavit :
nec quisquam ante hunc aut post hunc hoc
nomine cognominatus est. Gaius Scipio Nasica,
qui optimus a senatu appellatus est, cui etiam
publicè domus in sacra via data est , quo faci-
lius consuli posset. Deinde Quintus Mucius :
qui ad Carthaginienses legatus missus , cum essent duæ tesseræ positæ , una pacis, altera belli,
arbitrio sibi dato utram vellet referret Romam,
utramque sustulit, et ait Carthaginienses petere
debere utram mallent accipere.

38. Post hos fuit Tiberius Coruncanius, ut
dixi, qui primus profiteri cœpit : cujus tamen
scriptum nullum exstat, sed responsa complura
et memorabilia ejus fuerunt. Deinde Sextus
Ælius, et frater ejus Publius Ælius , et Publius
Atilius maximam scientiam in profitendo ha-
buerunt : ut duo Ælii etiam consules fuerint.
Atilius autem primus a populo sapiens appellatus est. Sextum Ælium etiam Ennius laudavit,

les honneurs du triomphe pour ses victoires sur les Vulciniens ; il
fut le premier plébéïen qui parvint à la dignité de grand-prêtre.
Son savoir, nous dit Cicéron (liv. 4 , *de Orator.*), était si grand
qu'on le consultait sur toutes les choses divines et humaines.

(71) C'était d'abord dans leurs propres maisons que leurs cours
avaient lieu; ils eurent ensuite des édifices publics spécialement
consacrés à cet usage , *postea in stationibus publice docuerunt :*
(Panziroll, liv. 1, chap. 6, *de claris legum interpretibus.*) Quelques-
uns de ces professeurs , tels que Quintilien , avaient un traitement
sur le trésor impérial.

qu'Atilius (72) reçut du peuple le surnom de Sage (73). Sextus Ælius, dont le poëte Ennius nous fait l'éloge, a laissé un ouvrage intitulé les *Trois Parties*, qui renferme les premiers élémens du droit (74) ; ce nom lui a été donné parce qu'il contient les dispositions de la loi des Douze Tables, auxquelles il a ajouté l'interprétation des Prudens, et en outre les actions de la loi : on lui attribue encore trois autres ouvrages que quelques personnes prétendent ne pas lui appartenir. Le chef de la famille Porcia, M. Caton, dont nous possédons les ouvrages, fut en partie leur élève (75). Son fils, de qui descendent les autres jurisconsultes de la même famille, nous en a laissé aussi plusieurs.

39. Après eux, Publius Mucius, Brutus et

---

(72) Son véritable nom était Acilius, un passage de Cicéron nous l'atteste : *Acilius sapiens appellatur, quia prudens erat in jure eivili.* (Cic., *in Lælio.*)

(73) Pomponius est en contradiction avec lui-même ; il nous a dit dans le paragraphe précédent, en parlant de Sempronius, que ce jurisconsulte avait reçu le surnom de *Sage*, que personne après lui ne pût obtenir ; et voici que dix lignes plus bas il donne le même nom à Atilius !........ La difficulté est réelle, mais il me semble qu'on pourrait l'expliquer en disant que ce surnom fut décerné à Sempronius, par les savans seulement, tandis qu'Atilius reçut le sien du consentement unanime de ses concitoyens. Le premier de ces jurisconsultes, en effet, antérieur à Atilius, vivait à une époque où la langue grecque, presqu'inconnue au peuple, n'était possédée que par les savans : ce ne furent donc qu'eux seuls qui purent l'appeler σοφος ; mais au contraire le sur-

et exstat illius liber qui inscribitur Tripertita :
qui liber veluti cunabula juris continet. Tripertita autem dicitur quoniam lege Duodecim Tabularum præposita , jungitur interpretatio ,
deinde subtexitur legis actio. Ejusdem esse tres
alii libri referuntur, quos tamen quidam ne-
gant ejusdem esse. Hos sectatus ad aliquid est
deinde Marcus Cato princeps Porciæ familiæ ,
cujus et libri exstant ; sed plurimi filii ejus ,
ex quibus ceteri oriuntur.

39. Post hos fuerunt Publius Mucius , et

---

nom dé sage donné à Atilius, dans la langue nationale , semble
indiquer qu'il le doit au suffrage du peuple.

(74) Bynkershoeck pense que ces mots *cunabula juris* , qu'on
doit entendre dans le sens de *principia* , ou *prima rudimenta* , ne
sont pas applicables au droit , mais à la jurisprudence , parce que ,
dit-il , le droit dont Papirien et Flavien , par leurs ouvrages
avaient jeté la fondation , n'était plus dans l'enfance , tandis que
la jurisprudence y était encore.

(75) *Hoc enim vult , Catonem institisse Sextii Ælii præcipue ves-
tigiis , non ita tamen ut latum unde unguem decederet.* Caton le Cen-
seur , ou l'Ancien , dont il est ici question , est célèbre par la rigidité
de ses principes ; son fils , M. Porcius , qui mourut avant lui , exer-
çant les fonctions de préteur , est , au sentiment de Majansius
l'auteur de la fameuse règle catonienne , que d'autres critiques
attribuent au père.

Manilius, fondateurs (76) du Droit civil, s'offrent à nous : nous devons à Publius Mucius dix traités, Brutus en a composé sept, et il nous en reste trois de Manilius (77), avec quelques autres écrits (78); le premier et le troisième de ces jurisconsultes furent nommés consuls. Brutus devint préteur; Mucius fut, de plus, honoré de la dignité de grand-prêtre.

40. Ils eurent pour élèves Publius Rutilius Rufus (79), consul à Rome et proconsul en Asie; Paulus Virginius et Quintus Tuberon, disciple du stoïcien Pansa (80), qui fut comme lui consul. Sextus Pompée, oncle paternel de Cnéius Pompée, vivait dans le même temps avec l'historien Célius Antipater, qui cultiva plutôt l'éloquence que le droit : le frère de Publius Mucius, Lucius (81) Crassus, surnommé Mucianus, que Cicéron regardait comme le

---

(76) Cette expression, qu'il ne faut pas prendre à la lettre, signifie que les premiers ils composèrent des ouvrages où les principes du droit civil se trouvaient fixés.

(77) Manilius, qu'on appela aussi Manlius, avait des principes extrèmement sévères; son fils, Décius Syllanus, préteur de Macédoine, ayant été accusé de péculat par ses administrés, le sénat, par égard pour le père, le chargea de prendre connaissance de cette affaire : Manilius, après avoir écouté l'accusation et la défense, reconnaissant la culpabilité de son fils, le déclara indigne de la république et de sa famille, et le chassa pour toujours de sa présence. Ne pouvant survivre à son infamie, Syllanus mit fin à ses jours, sans que son père donnât une larme à sa mémoire.

(78) On est fort embarrassé sur le sens positif de cette phrase; peut-être fait-elle allusion aux *leges maniliæ venalium vendendorum,*

Brutus, et Manilius, qui fundaverunt jus civile. Ex his Publius Mucius etiam decem libellos reliquit, Brutus septem, Manilius tres; et exstant volumina scripta, Manilii monumenta. Illi duo consulares fuerunt, Brutus prætorius, Publius autem Mucius etiam pontifex maximus.

40. Ab his profecti sunt Publius Rutilius Rufus, qui Romæ consul et Asiæ proconsul fuit; Paulus Virginius, et Quintus Tubero ille Stoicus Pansæ auditor, qui et ipse consul. Etiam Sextus Pompeius Gnæi Pompeii patruus fuit eodem tempore: et Cælius Antipater, qui historias conscripsit; sed plus eloquentiæ, quam scientiæ juris operam dedit: etiam Lucius Crassus frater Publii Mucii, qui Mucianus dictus est; hunc Cicero ait jurisconsultorum disertissimum.

---

dont Cicéron, *de Orat.*, liv. 1, chap. 18, fait mention. (Smallemburg ad Schutting.)

(79) Après avoir parcouru la route des honneurs, Rutilius accusé du crime de péculat, et succombant sous une ligue puissante, fut exilé à Smyrne, où il trouva des consolations dans le respect et l'affection que lui conservèrent les peuples qu'il avait autrefois gouvernés ; il refusa son rappel qui lui était offert par Sylla, en disant que depuis long-temps il était absous par le témoignage de sa conscience.

(80) Tous les critiques écrivent Panætius au lieu de Pansa ; ce philosophe, un des plus célèbres de la secte stoïcienne, fut l'ami et le maître de ses plus illustres contemporains.

(81) Cic., *de Orat.*, liv. 1, chap. 19, l'appelle Publius, au lieu de Lucius.

plus éloquent des jurisconsultes, florissait aussi alors.

41. Le grand pontife Quintus Mucius (82), fils de Publius, donna le premier une forme régulière au droit civil (83), en classant en dix-huit livres toutes les matières qu'il contenait.

42. Parmi ses nombreux élèves, les plus distingués furent Aquilius Gallus (84), Balbus Lucilius, Sextus Papirius et Gaius Juventius. Mais Gallus était, nous dit Servius, celui dont l'opinion avait le plus de poids auprès du peuple. Quoique Servius fasse mention de tous ces jurisconsultes, cependant il ne nous a pas transmis leurs ouvrages tels que nous pourrions les désirer, et ce n'est en quelque sorte pas eux que nous possédons; mais il en a inséré des fragmens dans ses écrits, et leurs noms, protégés par eux, sont arrivés jusqu'à nous.

43. Servius peut être considéré comme le premier de nos orateurs, ou tout au moins le second, si on lui préfère Cicéron. On rapporte qu'étant allé consulter Quintus Mucius sur une affaire qui intéressait un de ses amis, ce juris-

---

(82) Inscrit sur les listes de proscription de Marius, Mucius qui n'avait pas voulu quitter la ville pendant les horreurs de la guerre civile, fut assassiné aux pieds des autels de Vesta, dans le temple de laquelle il s'était réfugié.

41. Post hos Quintus Mucius Publii filius, pontifex maximus, jus civile primus constituit, generatim in libros decem et octo redigendo.

42. Mucii auditores fuerunt complures ; sed præcipuæ auctoritatis Aquilius Gallus, Balbus Lucilius, Sextus Papirius, Gaius Juventius. Ex quibus Gallum maximæ auctoritatis apud populum fuisse Servius dicit. Omnes tamen hi a Servio Sulpicio nominantur : alioquin per se eorum scripta non talia exstant, ut ea omnes adpetant. Denique nec versantur omnino scripta eorum inter manus hominum : sed Servius libros suos complevit, pro cujus scriptura ipsorum quoque memoria habetur.

43. Servius, cum in causis orandis primum locum, aut pro certo post Marcum Tullium obtineret, traditur ad consulendum Quintum Mucium de, re amici sui pervenisse : cumque eum sibi respondisse de jure Servius parum

(83) *Constituit* est ici pour *ordinavit*. (Panziroll, liv. 1 , chap. 11 , *de Cl. leg. Interp.*)

(84) Ce jurisconsulte, qui fut tribun du peuple , est celui qui inventa un des modes d'extinction des obligations , connu sous le nom de stipulation *aquilienne*. Voy. *Inst.* , liv. 3 , tit. 29. *Quibus modis obligatio tollitur*, §. 2.

consulte lui développa les moyens de droit que présentait la cause : Servius, qui ne le comprenait pas, le fit recommencer, et sans plus de succès. Quintus Mucius s'emporta alors contre lui, et lui dit qu'il était honteux pour un patricien, pour un avocat, d'ignorer la profession qu'il exerçait. Touché de ces reproches, Servius se livra tout entier à l'étude du Droit civil, et eut pour maîtres la plupart des auteurs dont nous avons parlé. Instruit par Lucilius Balbus, il fut surtout formé par Aquilius Gallus, qui habitait Cercines (85) ; aussi nous reste-t-il de lui quelques ouvrages qui y ont été composés. Il mourut dans une ambassade (86) qu'il remplissait, et le peuple lui fit élever, près de la tribune aux harangues, une statue qui subsiste encore aujourd'hui. La plupart de ses ouvrages existent et forment près de cent quatre-vingts livres.

44. Un grand nombre de jurisconsultes, la plupart connus par quelques productions, sor-

---

(85) Quelques auteurs pensent qu'il faut lire Sycione. Cercines est une île située sur les côtes d'Afrique, la même où, dit-on, Marius se réfugia après son exil ; elle est aujourd'hui possédée par les barbaresques, et porte le nom de Kerkeni ; mais je pense que ce n'est pas de cet endroit que Pomponius a voulu parler, mais plutôt de Cécine, ville de Campanie ; en effet, il est bien plus probable qu'Aquilius Gallus, qui possédait de grandes richesses, habitait cette partie de l'Italie où se trouvaient toutes les maisons de campagne des riches Romains, qu'un ilot situé loin de Rome, au milieu de la Méditerranée.

(86) Servius Sulpicius, qui depuis fut consul avec Marcellus,

intellexisset, iterum Quintum interrogasse , et a Quinto Mucio responsum esse , nec tamen percepisse : et ita objurgatum esse a Quinto Mucio ; namque eum dixisse, turpe esse patricio et nobili, et causas oranti , jus in quo versaretur, ignorare. Ea velut contumelia Servius tractatus operam dedit juri civili, et plurimum eos de quibus locuti sumus, audiit : institutus a Balbo Lucilio , instructus autem maxime a Gallo Aquilio, qui fuit Cercinæ. Itaque libri complures ejus exstant Cercinæ confecti. Hic cum in legatione perisset , statuam ei populus romanus pro Rostris posuit, et hodieque exstat pro Rostris Augusti. Hujus volumina complura exstant : reliquit autem prope centum et octoginta libros.

44. Ab hoc plurimi profecerunt, fere tamen hi libros conscripserunt : Alfenus Varus, Gaius,

---

avait auparavant intenté contre l'ami de Cicéron ; Muréna , qui lui avait été préféré dans le consulat , une accusation de brigue , au moyen de laquelle il parvint à le faire exiler. Lors de la guerre entre Pompée et César , il embrassa avec toute la noblesse le parti du premier , et se réfugia en Grèce après la bataille de Pharsale ; César lui pardonna , et lui confia le commandement de l'Achaïe ; chargé plus tard de ménager un accommodement entre Antoine et Octave , qui desolaient la république , il mourut dans cette ambassade. Outre les ouvrages de droit , il avait composé des poésies galantes.

tirent de son école ; tels sont Alfenus Varus (87),
Gaius (88), Aulus Ofilius, Titus Cæsius, Aufidius Tucca, Aufidius Namusa, Flavius Priscus, Gaius Ateius Pacuvius, Antistius, père
de Labéon (89), Cinna (90), et Publicius Gellius (91). Dix de ces auteurs ont composé chacun huit livres, et ceux d'entre eux qui nous
sont parvenus ont été réunis par Aufidius Namusa en cent quarante livres. De tous ces
jurisconsultes, Alfenus Varus et Aulus Ofilius furent les plus célèbres : Varus obtint le
consulat; mais Ofilius, quoique l'ami de César,
resta toujours simple chevalier; il publia
sur le Droit civil des ouvrages qui en embras-
saient toutes les parties (92); car il fut le premier qui s'occupa de la jurisdiction, du ving-
tième des héritages, et qui donna une forme

---

(87) D'abord cordonnier à Crémone, sa patrie, comme le dit
Horace :

> . . . . Alphenus vafer omni,
> Objecto instrumento artis clausaque taberna,
> Sutor erat ; sapiem operis sic optimus omnis
> Est opifex, sic rex solus.   (Liv. 1, *Satir.* 3.)

Alphenus ferma sa boutique et vint à Rome. Elève de Servius Sulpicius, ses talens ne tardèrent pas à lui acquérir de la célébrité,
et à lui ouvrir la route des honneurs ; il fut fait consul la deuxième
année de notre ère.

(88) *Hoc delendum nomen ;* ce nom doit être supprimé, nous dit
Cujas ; et en effet ce jurisconsulte est tout-à-fait inconnu ; Rutilius,
Vitæ Jurisconsultorum, et Bertrandus *de Jurisperitis*, pensent
peut qu'il ne être régardé comme disciple de Servius.

(89) Zélé républicain, ami ardent de la liberté, Labéon ne vou-

Aulus-Ofilius, Titus Cæsius, Aufidius Tucca, Aufidius Namusa, Flavius Priscus, Gaius Ateius Pacuvius, Labeo Antistius Labeonis Antistii pater, Cinna, Publicius Gellius. Ex his decem libros octo conscripserunt, quorum omnes, qui fuerunt, libri digesti sunt ab Aufidio Namusa in centum quadraginta libros. Ex his auditoribus plurimum auctoritatis habuit Alfenus Varus, et Aulus Ofilius. Ex quibus Varus et consul fuit: Ofilius in equestri ordine perseve ravit. Is fuit Cæsari familiarissimus, et libros de jure civili plurimos, et qui omnem partem operis fundarent, reliquit. Nam de legibus vicesimæ primus conscripsit, et de jurisdictione. Idem edictum prætoris primus diligenter composuit ; nam ante eum Servius duos libros ad Brutum perquam brevissimos ad edictum subscriptos reliquit.

---

lant pas lui survivre lorsqu'elle eut succombé dans les plaines de Philippe, avec ses défenseurs Brutus et Cassius, mit fin lui-même à son existence. (APPIEN , *bell. civ.*)

(90) Le nom de ce jurisconsulte, sur lequel on a très-peu de renseignemens, a donné lieu à bien des conjectures ; Rutilius et Bertrandus (*loco citato*) prétendent qu'il était petit-fils de Pompée, et que ce fut lui qui conspira contre Auguste ; mais leur opinion est repoussée par Grotius. *De Viris jurisconsultorum.*

(91) L'action publicienne accordée au possesseur de bonne foi, pour revendiquer la chose qu'on lui aurait enlevée, fut probablement inventée par ce jurisconsulte, qui exerça les fonctions de préteur. (*Inst.*, liv. 4, tit. 6, §. 4.)

(92) Le sens que nous avons donné à cette phrase, est celui qui a été suivi par M. Hugo lui-même, d'après Bynkershoeck, dans son excellente *Histoire du Droit romain ,* vol. 2 ;pag. 84 et 121.

exacte (93) à l'édit du préteur, sur lequel, avant lui, Servius Sulpicius n'avait composé que deux très-courts ouvrages adressés à Brutus.

45. Trebatius (94), disciple de Cornelius Maximus, et Aulus Cascelius (95), disciple de Quintus Mucius Volusius, dont il institua le petit-fils son héritier, par respect pour sa mémoire, florissaient vers le même temps. Cascelius ne fut jamais que questeur, et refusa même le consulat qui lui était offert par Auguste ; le jugement qu'on a porté de ces jurisconsultes est que Trebatius était plus habile, Cascelius plus éloquent, mais qu'ils étaient surpassés l'un et l'autre en doctrine par Ofilius. De tous les ouvrages de Cascellius, il ne nous est parvenu que son livre des *Biendicts ;* quant à ceux de Trebatius ils sont peu consultés.

---

(93) Ce qui ne veut pas dire qu'il composa lui-même un édit, car pour cela il aurait fallu qu'il fût préteur ; mais qu'il mit en ordre et coordonna les diverses dispositions du préteur, qui jusqu'alors étaient sans ordre.

. . . .

. . . .

. . . .

(94) Ami de Cicéron, qui composa à sa prière son *Traité des Topiques*, et dont plusieurs lettres lui sont adressées ; Trebatius fut aussi lié avec César qu'il suivit dans les Gaules ; malgré son attachement pour le dictateur, il ne put s'empêcher de lui rappeler les égards qu'il devait au sénat, en l'avertissant de se lever au moment où il entrait. (Sueton., *Vit. Julii.*) Ses talens lui

45. Fuit eodem tempore et Trebatius , qui idem Cornelii Maximi auditor. Fuit Aulus Cascelius Quinti Mucii Volusii auditor : denique in illius honorem testamento Publium Mucium nepotem ejus reliquit heredem. Fuit autem quæstorius , nec ultra proficere voluit, cum illi etiam Augustus consulatum offerret. Ex his Trebatius peritior Cascelio , Cascelius Trebatio eloquentior fuisse dicitur ; Ofilius utroque doctior. Cascelii scripta non exstant, nisi unus liber benedictorum ; Trebatii complures , sed minus frequentantur.

---

acquireut une grande réputation ; Auguste lui-même avait la plus grande confiance dans ses lumières ; aussi fut-ce d'après ses conseils que ce prince sanctionna les codicilles...... *Trebatium suasiss Augusto.* (*Inst.*, liv. 2 , tit. 25 , *princip.*)

(95) Horace en parle comme d'un homme jouissant d'une grande réputation.

> . . . . et actor
> Causarum mediocris , abest virtute diserti
> Messalæ , nec scit quantum Cascellius Aulus:
> Sed tamen in pretio est.   (HORAT. , *de Art. Poet.*)

Mais son plus beau titre de gloire est le courage qu'il montra pendant les proscriptions triumvirales.

46. Instruit à l'école d'Ofilius, Tuberon (96), issu d'une famille patricienne, parut après eux. Désespéré d'avoir échoué auprès de César dans l'accusation qu'il intenta contre Ligarius, il abandonna le barreau pour se livrer à l'étude du Droit civil (97). Ligarius, lorsqu'il commandait sur les côtes d'Afrique, avait refusé à Tuberon, alors malade, la permission d'y aborder et même d'y faire de l'eau : celui-ci l'attaqua, mais en vain ; l'accusé, défendu par Cicéron, dont nous possédons encore l'éloquent plaidoyer, fut absous. Egalement versé dans le droit public et dans le droit privé, Tuberon nous a laissé plusieurs ouvrages sur ces deux matières ; mais un style déjà vieilli, dont il affecta de se servir dans ses écrits, est cause qu'ils sont peu goûtés.

47. Nous arrivons maintenant à des jurisconsultes dont les noms sont entourés d'une grande réputation. Ateius Capiton, élève d'O-

---

(96) Quoiqu'honoré d'un consulat sous le règne d'Auguste, Tuberon est surtout connu par son accusation contre Ligarius : Cosidius, proconsul d'Afrique, étant mort, le sénat avait envoyé Tuberon, partisan de Pompée, commander à sa place ; mais Ligarius qui s'était emparé du pouvoir, refusa de le laisser aborder, et se déclara ensuite pour César ; on connaît l'issue de ce procès célèbre ; l'accusé, condamné dans l'opinion publique et l'esprit de César, fut cependant acquitté, grâce à l'éloquence de Cicéron.

(97) Cette phrase prouve jusqu'à l'évidence que chez les Romains les fonctions de jurisconsulte et d'avocat étaient entièrement distinctes, et rarement exercées par le même individu. Notre intention n'est pas de démontrer ici les inconvéniens d'une sem-

46. Post hos quoque Tubero fuit, qui Ofilio operam dedit : fuit autem patricius, et transiit a causis agendis ad jus civile ; maxime postquam Quintum Ligarium accusavit, nec obtinuit apud Gaium Cæsarem. Is est Quintus Ligarius, qui cum Africæ oram teneret, infirmum Tuberonem applicare non permisit, nec aquam haurire, quo nomine eum accusavit, et Cicero defendit. Exstat ejus oratio satis pulcherrima, quæ inscribitur pro Quinto Ligario. Tubero doctissimus quidem habitus est juris publici et privati, et complures utriusque operis libros reliquit : sermone etiam antiquo usus affectavit scribere, et ideo parum libri ejus grati habentur.

47. Post hunc maximæ auctoritatis fuerunt Ateius Capito, qui Ofilium secutus est, et Antistius Labeo qui omnes hos audivit : institutus

---

blable séparation, et les funestes résultats qui peuvent en arriver pour les parties ; cette tâche serait facile, mais elle excéderait les bornes d'une simple note. Nous nous contenterons donc de dire que cette opinion est incontestable, qu'elle résulte non-seulement du texte cité de Pomponius, mais encore du silence qu'il a gardé sur les deux plus illustres orateurs du barreau romain, Cicéron et Hortensius, dont il ne fait pas mention comme jurisconsultes ; mais si tout cela ne suffisait pas, nous en trouverions une preuve encore plus positive dans Cicéron, *de Orat.*, *dialog.* 1, qui met dans la bouche d'un des interlocuteurs, Antoine, ces paroles remarquables : « que pour être avocat il n'est pas nécessaire d'être jurisconsulte ; qu'il suffit, pour chaque cause, d'être instruit de lois qui y ont rapport..... »

filius, et Antistius Labéon (98), disciple de Trebatius, et qui, en outre, avait étudié sous les jurisconsultes que nous venons de citer, Ateius parvint au consulat ; mais Labéon refusa l'honneur qui lui était offert par Auguste d'être consul subrogé. Il consacra son temps à l'étude, et avait divisé l'année en deux parties : il passait six mois à Rome avec ses élèves, et six mois dans la retraite, où il s'occupait de ses ouvrages ; aussi, nous a-t-il laissé quatre cents livres, dont la plus grande partie sont encore d'un usage journalier. Ces deux jurisconsultes furent la souche de deux sectes opposées : Capiton s'attachait scrupuleusement aux anciennes traditions ; Labéon, au contraire, entraîné par son génie, fort de ses connaissances (car il avait étudié presque toutes les sciences), introduisit de nombreuses innovations. Massurius Sabinus et Nerva succédèrent, l'un à Capiton, l'autre à Labéon, et augmentèrent encore les dissidences d'opinion des deux sectes. L'un de ces jurisconsultes, Nerva (99), fut l'ami de

---

(98) L'histoire nous trace un portrait bien différent de ces deux jurisconsultes. Issu d'une famille ancienne, fils d'un républicain qui avait scellé de son sang son attachement à la liberté, Labéon, héritier des sentimens de son père, refusa fièrement les honneurs qui lui étaient offerts par celui qu'il regardait comme l'oppresseur de sa patrie. Il n'en fut pas de même de Capiton : voulant parvenir aux charges dont l'éloignait l'obscurité de sa naissance, il s'attacha au parti du vainqueur ; Auguste le combla d'honneurs, afin, nous dit Tacite, *Annal.*, liv. 3, qu'il surpassât en dignité celui qu'il était loin d'égaler par son génie. Au reste, il paraît que

est autem a Trebatio. Ex his Ateius consul fuit. Labeo noluit, cum offerretur ei ab Augusto consulatus, quo suffectus fieret, honorem suscipere; sed plurimum studiis operam dedit, et totum annum ita diviserat, ut Romæ sex mensibus cum studiosis esset, sex mensibus secederet, et conscribendis libris operam daret. Itaque reliquit quadringenta volumina ex quibus plurima inter manus versantur. Hi duo primum veluti diversas sectas fecerunt. Nam Ateius Capito in his, quæ ei traditæ fuerant, perseverabat. Labeo ingenii qualitate et fiducia doctrinæ, qui et ceteris operis sapientiæ operam dederat, plurima innovare instituit. Et ita Ateio Capitoni Massurius Sabinus successit; Labeoni, Nerva : qui adhuc eas dissensiones auxerunt. Hic etiam Nerva Cæsari familiarissimus fuit. Massurius Sabinus in equestri ordine fuit, et publice primus scripsit. Posteaque hoc cœpit beneficium dari a Tiberio Cæsare ; hoc tamen illi concessum erat. Et ut obiter sciamus, ante

---

ses contemporains prirent soin de réparer, à l'égard de Labéon, autant qu'il était en eux, les caprices de la fortune, et que sa réputation écrasa celle de son heureux rival.

(99) Considéré par ses talens, respecté par ses vertus, cher à Tibère dont il était l'ami, ce jurisconsulte se laissa mourir de faim ; *corpore in læso moriendi consilium cœpit*, nous dit Tacite ; les larmes de ses enfans, les prières de l'empereur, les efforts de ses amis, rien ne put le faire changer de résolution, il expira en recommandant à Tibère la tempérance ! Tacite attribue sa mort au triste état de la république sous Tibère. — Il fut l'aïeul de l'empereur Nerva.

César; l'autre, Sabinus, était chevalier romain, et fut le premier qui donna, par autorité publique, des consultations écrites (100). Ce privilége, qu'on ne pouvait tenir que de l'empereur, lui fut accordé par Tibère. Nous rappellerons ici en passant, qu'avant Auguste, le droit de donner des consultations n'était pas conféré par le prince, mais pouvait être exercé par tous ceux qui avaient assez de confiance dans leurs lumières ; ils n'apposaient pas alors leurs cachets sur la consultation, mais la plupart du temps ils écrivaient aux juges ou déposaient eux-mêmes pour ceux qui les avaient consultés. Auguste fut le premier qui, pour donner plus de poids à leurs décisions, ordonna qu'ils ne pourraient en rendre sans son autorisation, et depuis cette époque ce droit fut accordé comme un privilége. Mais des personnes qui avaient exercé les fonctions de préteur , ayant demandé à l'empereur Hadrien (pour se conformer à l'usage) la permission de donner des consultations, ce grand prince leur répondit que ce droit ne devait pas être demandé, qu'il suffisait de le remplir, et qu'il verrait toujours avec plaisir ceux qui, confians en leurs propres forces, voudraient donner des consultations à leurs concitoyens (101).

---

(100) *Id est responsa sua non ut alii anteriores viva voce , et quidem obsignata dedit ;* méthode qu'il adopta , après avoir obtenu de Tibère la permission de donner des consultations. Sabinius eut

tempora Augusti publice respondendi jus non
a principibus dabatur ; sed qui fiduciam stu-
diorum suorum habebant , consulentibus res-
pondebant : neque responsa utique signata da-
bant ; sed plerumque judicibus ipsi scribebant,
aut testabantur , qui illos consulebant. Primus
divus Augustus, ut major juris auctoritas habe-
retur , constituit ut ex auctoritate ejus respon-
derent, et ex illo tempore peti hoc pro beneficio
cœpit. Et ideo optimus princeps Hadrianus ,
cum ab eo viri prætorii peterent , ut sibi liceret
respondere, rescripsit eis : Hoc non peti , sed
præstari solere ; et ideo si quis fiduciam sui
haberet , delectari se, populo ad respondendum
se præpararet. Ergo Sabino concessum est a
Tiberio Cæsare, ut populo responderet, qui in
equestri ordine jam grandis natu , et fere an-
norum quinquaginta receptus est. Huic nec
amplæ facultates fuerunt, sed plurimum a suis
auditoribus sustentatus est. Huic successit Caius

---

l'honneur de donner son nom à sa secte, qui, depuis lui, fut appelée
des Sabiniens.

(101) L'auteur d'un mémoire couronné par l'Institut des Pays-
Bas, sur la question de savoir quels étaient les droits , l'autorité
des jurisconsultes et leur influence sur la prospérité morale de la
société, sous l'empire, M. Fretz , a prétendu que l'institution
d'Auguste , relative à l'autorisation que devraient obtenir les jurisconsultes , afin de pouvoir donner des consultations , ne fut point
abolie par Adrien , et que ces mots *populo ad respondendum se præpararet ,* veulent seulement dire qu'avant de les admettre à la pra-
tique du Droit, ce prince exigea qu'ils subissent un examen préa-
lable. (*Thémis,* tom. 7, pag. 73.)

Ce fut ce privilége, que Tibère accorda à Sabinus, qui était entré fort tard (à l'âge de près de cinquante ans) dans l'ordre des chevaliers; ce jurisconsulte n'était pas riche, mais il trouva toujours chez ses élèves des ressources contre le besoin. Il eut pour successeur Caius Cassius Longinus (102), né de la fille de Tuberon, petite-fille elle-même de Servius Sulpicius, qu'il appelle, à cause de cela, son bisaïeul. Longinus fut consul sous Tibère avec Quartinus; il avait à Rome tant d'influence, que l'empereur (103) le bannit de la ville et l'exila en Sardaigne : rappelé par Vespasien, il revint mourir à Rome. A la mort de Nerva, Proculus devint le chef de la secte de Labéon. Il eut pour contemporains Nerva fils (104) et un autre Longinus, chevalier romain, qui parvint ensuite à la préture; mais il sut acquérir une bien plus grande réputation; aussi les jurisconsultes de ces deux écoles, dont la scission remontait au temps de Capiton et de Labéon, furent-ils appelés, les uns Cassiens, et les autres Proculéiens. Cælius Sabinus vint après Cassius, et eut, sous Vespasien, une grande autorité; Proculus eut pour successeur Pegasus (105), nommé par le même empereur

---

(102) Cassius Longinus était petit-fils du meurtrier de César; son nom, sous Caligula, faillit de lui devenir funeste. Cet insensé ayant consulté les oracles sur les dangers qui pouvaient menacer sa personne, en avait reçu cette réponse : « Délie-toi de Cassius. »

Cassius Longinus natus ex filia Tuberonis, quæ fuit neptis Servii Sulpicii : et ideo proavum suum Servium Sulpicium appellat. Hic consul fuit cùm Quartino temporibus Tiberii ; sed plurimùm in civitate auctoritatis habuit, eousque donec cùm Cæsar civitate pelleret. Expulsus ab eo in Sardiniam, revocatus à Vespasiano diem suum obiit. Nervæ successit Proculus. Fuit eodem tempore et Nerva filius : fuit et alius Longinus ex equestri quidem ordine, qui postea ad præturam usque pervenit ; sed Proculi auctoritas major fuit. Nam etiam ipse plurimùm potuit, appellatique sunt partim Cassiani, partim Proculeiani : quæ origo a Capitone et Labeone cœ-

Pour n'avoir rien à redouter, il voulut faire périr tous les individus qui portaient ce nom ; mais il ne put éviter le sort qu'il méritait ; Cassius Cherea en débarrassa la terre.

(103) Ce prince était Néron ! et la raison qu'il allégua au sénat pour motiver son exil, était que, parmi les portraits de ses aïeux, il avait aussi celui de Cassius, avec cette inscription : Au chef des partis : *Quòd inter majorum imagines, etiam Caii Cassii effigiem coluisse, ita inscriptam : Duci partium.* (SUÉTONE, *Vie de Néron.*)

(104) Fils d'un père distingué, père d'un fils illustre l'empereur Nerva, ce jurisconsulte qui exerça sous Néron la préture, est surtout connu par le prompt développement de son esprit ; à peine avait-il dix-sept ans qu'il donnait déjà des consultations.

(105) Préfet de la ville, puis consul à Rome, sous le règne de Vespasien, c'est à Pegasus que l'on doit ce sénatus-consulte (le S. C. Pegasius), qui accorda au fidéi-commissaire le droit de retenir le quart des biens qu'il était chargé de remettre à un autre individu. (*Postea Vespasiani Augusti temporibus.*) « *Pegaso et* » *Pusione consulibus, senatus censuit, ut ei qui rogatus esset heredi-* » *tatem restituere, perinde liceret quartam partem retinere, atque* » *lege Falcidia ex legatis retinere conceditur.* » (*Inst.*, liv. 2, tit. 23, *de fidei-com. hered.*, parag. 5, 6, 7.)

préfet de la ville ; Cælius Sabinus laissa la place à Priscus (106) Javolenus ; après Pégasus, parurent successivement Celsus, père et fils, et Priscus Nératius (107): les deux derniers arrivèrent au consulat, Celsus deux fois, et Neratius une fois. Javolenus fut aussi remplacé par Aburnus Valens et Tuscianus, qui le fut lui-même par Salvius Julianus (108).

---

(106) Pline le jeune, dans ses lettres, nous parle de ce jurisconsulte, et rapporte une aventure assez plaisante à laquelle il donna lieu : « Pollienus Paulus', chevalier romain et poète agréable, » lisait en public un éloge qui commençait ainsi : Vous m'ordon-» nez, Priscus (*Prisce, jubes....*); aussitôt Priscus Javolenus, son » ami, qui était présent, se lève en disant : Moi, je n'ordonne » rien..... (*ego vero non jubeo*). Imaginez-vous, dit Pline, et les » plaisanteries et les ris ; et il ajoute, ce Priscus n'a pas la tête » bien saine (*est omnino Priscus dubiæ sanitatis*); mais il remplit » des emplois publics, professe même le droit civil, c'est ce qui » rendit cette saillie plus ridicule et plus remarquable. » (Pline, liv. 6, *Epist.* 15.)

(107) Priscus Neratius était un homme d'un grand mérite, et nous en avons une preuve dans l'amitié constante dont l'honora Trajan ; l'affection que l'empereur lui portait était telle, que Spartien va jusqu'à dire que son intention était de lui laisser l'empire, et qu'un jour, en présence de plusieurs personnes, il lui recommanda les provinces, s'il arrivait quelque chose de funeste à sa personne : « *commendo tibi provincias, si quid mihi fatale conti-*

FIN.

perat. Cassio Cælius Sabinus successit, qui plurimum temporibus Vespasiani potuit; Proculo Pegasus, qui temporibus Vespasiani præfectus urbi fuit; Cœlio Sabino Priscus Javolenus; Pegaso Celsus; Patri Celso Celsus filius et Priscus Neratius : qui utrique consules fuerunt, Celsus quidem et iterum ; Javoleno Prisco Aburnus Valens, et Tuscianus, item Salvius Julianus. (*L.* 2 , ff. *de Orig. jur.*)

---

gerit. » ; mais que les intrigues de Plotine rendirent inutiles les volontés de Trajan , et firent élire Hadrien. (*Spart.* , *in vit.* **Had.**)

(108) Disciple de Javolenus , Salvius Julianus , qui vivait sous le règne d'Hadrien , rédigea (*composuit*), pendant qu'il était préteur , l'édit si célèbre dans la jurisprudence romaine , sous le nom d'édit perpétuel. Quelques commentateurs, sur la foi d'un passage d'Aurelius Victor , ont prétendu que le rédacteur de cet édit n'était pas Salvius Julianus , mais son petit-fils Didius Julianus , le même qui , après la mort de l'infortuné Pertinax , acheta aux prétoriens la couronne impériale, qu'il ne tarda pas à payer de sa tête. Au reste , voici le passage d'Aurelius Victor : « *At Didius* (*an Salvius?*) *Julianus*
» *fretus Prætorianis , quos in societatem promissis magnificentioribus*
» *perpulerat , ex præfectura vigilum ad insignia dominatus processit :*
» *genus ei pernobile , jurisque urbani præstans scientia ; quippe*
» *qui primus edictum , quod varie , inconditeque a prætoribus prome-*
» *batur , in ordinem composuerit.* » Cette erreur grossière , dont on a maintenant fait justice, prouve , comme nous l'avons fait observer en tête de cet ouvrage , l'extrême circonspection avec laquelle on doit se servir des historiens dans tout ce qui a rapport à la jurisprudence.

FINIS.

Imprimerie de GUEFFIER, rue Guénégaud, n°. 31.